湛庐CHEERS

与最聪明的人共同进化

HERE COMES EVERYBODY

如何让孩子爱上学校

LOVING LEARNING

[美]汤姆·利特尔 Tom Little
凯瑟琳·埃里森 Katherine Ellison 著
顾远 马鸣燕 译

浙江教育出版社·杭州

序

Loving Learning

一天下午，我的小儿子在竭尽全力攀爬一面石墙的时候，我一边注视着他，一边决定数一数我作为学生和作为家长打过交道的学校：一共有 14 所之多。这些学校践行着各式各样的教育理念，有秉承进步主义教育[①]理念的学校，有秉持传统的学校，有的是公立学校，有的是私立学校。在与这些教育机构打交道的岁月里，我还从未遇到过像汤姆·利特尔（Tom Little）这样的人。

汤姆可以用一种近乎直觉的方式，非常深刻地理解孩子。我们家三个小一点的孩子进入帕克走读学校（Park Day School）才几周时间，我们便和汤姆有过一次面谈，他对三个孩子的洞察力让我们目瞪口呆。以前，从未有人像他这样看待过这几个孩子。他会观察孩子们是如何学习的，什么样

---

① 进步主义教育是 20 世纪上半期盛行于美国的一种教育哲学思潮，对当时的美国教育产生相当大的影响，源自反对传统教育的形式主义，具体定义见本书第 20 页。——编者注

的方式、方法是最适合他们的。他会观察孩子们和同伴在一起时的表现，他们如何沟通，如何参与活动。他非常清楚自己、学校里的老师以及作为父母的我们需要做些什么来为孩子们创造一个体验快乐学习的空间。在许多方面，汤姆·利特尔比我们更了解我们的孩子们。

更重要的是，汤姆能从和孩子们的相处中获得乐趣。他会由衷地被孩子们的想法和感受所吸引，也会着迷于他们说的话和做的事。而且他的快乐是有感染力的，会提醒你当初为什么想要成为父母。即便是在家长会这种最容易引发焦虑的场合里，无论孩子们说了什么、做了什么，他总是报以灿烂的笑容，带着又好气又好笑的表情摇摇头发蓬松的脑袋。他不仅会让你感觉一切都会好起来的，还会让你觉得自己的孩子们是一个个珍贵而神奇的生命，是有能力带给世界美好的人。

让世界变得更美好，对汤姆来说意味着一切。他热切地、不遗余力地想要带来美好的改变，而这对于塑造一所卓越的学校来说非常关键。在这所学校里，学习总是伴随着快乐和同理心。你将要阅读的这本书，既展现了汤姆对于每个孩子个体的理解力，也讲述了他对学校整体教育的洞察力。在帕克走读学校工作的这几十年里，汤姆不仅是这所学校的大脑，也是它的心脏和灵魂。他在这所学校里的经历给予他的教育视角，在当今这个对教育普遍存在极度焦虑的时代显得尤为重要。

昨晚，我来到一座拥挤的剧院，周围是数百位前来悼念汤姆的人。他们中有汤姆的朋友和同事，有帕克走读学校的家长们，还有曾在这所学校读书的很多孩子。汤姆的洞察力以及在施教过程中给孩子们带来的快乐深刻地影响了这些孩子。一位发言者说汤姆是这个国家进步主义教育的杰出代言人。这本书的内容会证明此言不虚。另一位发言者表示，汤姆对待教育、对待孩子总是满怀希望，竭尽所能，而又充满热忱。不过人们反复说得最多的是汤姆极其善于向他人表达感谢。帕克走读学校有一个传统：在任何活动或者演出的尾声，不论它是整个班级表演或者只是一名学生简单地朗读了一个故事，学生们总是会向对方表示感谢，并指出对方的表演环节中哪些使自己感到快乐，哪些使自己的思考更加深入或使自己以一种新的方式看待事物。这篇序言是我对汤姆的赞赏，以此表达我的感激之情。尽管相处时间十分短暂，但他曾是我和我的孩子们的生活中的一部分。而且，为了让更多人从他的智慧中受益，他竭尽所能，不懈地追求，最终完成了这本书。更重要的是，你捧在手中的这本书，是汤姆对孩子们表示的感谢，也是对帕克走读学校出色的教育计划的感谢。

在这本书里，汤姆・利特尔向我们展示了如何拥抱历史，找回学习的乐趣。汤姆那对人性温暖的洞察和他快乐的天性曾让我们受益良多。此刻，我们虽然因为汤姆的离世而感到悲伤，但通过这部作品将他的精神遗产分享给更多的人，仍然令我们激动不已。

阿耶莱・沃尔德曼（Ayelet Waldman）

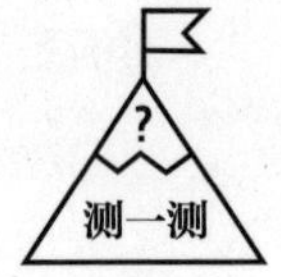

你对进步主义教育理念有哪些了解?

扫码鉴别正版图书
获取您的专属福利

扫码获取全部测试题及答案，
一起了解进步主义教育。

- 师生比越低越有利于提高教学质量吗？

  A. 是

  B. 否

- 以下不属于进步主义教育的标志性教学策略的是：

  A. 生成性课程

  B. 整合课程

  C. 体验式学习

  D. 标准化考试

- 进步主义教育者必然反对技术吗？

  A. 必然

  B. 不必然

扫描左侧二维码查看本书更多测试题

走进帕克走读学校

反对从上面的灌输，主张表现个性和培养个性；反对外部纪律，主张自由活动；反对向教科书和教师学习，主张从经验中学习；反对通过训练获得孤立的技能和技术，主张把技能和技术当作达到直接的切身需要的手段；反对或多或少地为遥远的未来做准备，主张尽量利用现实生活中的机会；反对固定的目的和教材，主张熟悉变化着的世界。①

——约翰 · 杜威，

《经验与教育》（*Experience and Education*）1938 年

跟我来参观帕克走读学校吧！在过去的 38 年里我有幸在此工作，先是做老师，后来成为校长。学校坐落在加利福尼亚州奥克兰市中心占地约 1.6 公顷的林荫地中，自创校以来，这里始终是一片培养孩子好奇心和创造力的

① 约翰 · 杜威:《经验与教育》，姜文闵译，人民教育出版社，1991，第 250 页。——译者注

绿洲，也是一片为美国教育的危机和挑战提供智慧解决方案的试验田。

除非你不怎么看长篇新闻报道，否则你应该已经了解到，美国的教育体系正深陷危局。为了在政府规定的标准化考试中提高学生的成绩，学校拼命挤压学生的时间，缩减美术课、音乐课和体育课的课时，甚至缩减了课间休息和午餐的时间。但是，这些考试并没有培养出更成功或更快乐的孩子。

无论从哪方面看，这些做法都事与愿违。

美国每年有超过 130 万的学生从高中辍学[1]，而近一半升入大学的学生没有完成学业。在 2009 年的一项全球评估中，美国青少年的科学和数学水平在34个发达国家中排名第25位。[2]这一现象早已经露出了苗头。与此同时，企业界也在抱怨年轻的求职者缺乏 21 世纪人才所应具备的核心素质，如批判性思维和创造力。他们还认为那些年轻人不善于合作，无法有效表达自己的想法。

学生的心理状态也同样令人担忧。[3]焦虑症、抑郁症的发病率呈上升趋势；越来越多的孩子试图通过服用兴奋剂来提高自己的考试成绩。

美国人越来越多地了解了自己教育的缺陷，同时也越来越多地听说了那些全球教育新明星国家的事迹。最近几年，芬兰、中国、新加坡、韩国的孩子常常在国际测试中胜过美国的孩子。专家告诉我们必须向这些国家学习，才能帮助美国的孩子提高在世界经济体系中的竞争力。

我深深地觉得，这些想法只会让人误入歧途。我们不需要到世界另一边去寻找解决教育困境的方法。

所有我们想知道的答案，都近在咫尺。

事实上，美国掌握这些答案已经有 100 多年了。

为了解释我为什么这样说，我想向你展示帕克走读学校所运用的教学方法。这些教学方法在美国历史中已被证明有效，同时也为美国的未来带来了希望。因此，我邀请你和我一起，穿过奥克兰一个繁忙的十字路口，经过一排树篱和铁丝网围栏，来到帕克走读学校的大门前。

我保证，我会尊重你的时间，因为我也知道自己的时间宝贵。2013 年 8 月，医生确诊我患有四期骨癌，并告知我最多还能活 1 年。过去的 20 年里，我纯粹凭着兴趣一直在断断续续地写这本书。而现在，可以毫不夸张地说，我迫切地想要将其完稿。我的用意并不是要为自己的毕生心血留下什么记录。我想做的是，用帕克走读学校和其他学校的成功经验，为美国最紧迫的教育困境提出解决方案，同时找回学习的快乐。

大门已打开。

让我们出发吧！

参观开始

帕克走读学校位于硅谷日益扩展的外围地区，靠近皮克斯动画公司和加州大学伯克利分校，相比之下，这所小型私立学校的校园看起来很古朴。灰泥红瓦的西班牙式建筑设计于 1928 年，楼前的院子里挺立着高大的松树和粗壮的玉兰，它们的年岁比楼更老。这栋楼最早作为孤儿院使用，现在学校的大多数教室都设在这里。倘若你在课间或午饭时在院子里停留片刻，孩子们的一举一动会让你恍若回到过去。

你极少会看到有孩子正孤零零地站着。相反，孩子们有的正排着队等待上攀爬架，有的则手拉手或肩并肩地闲逛，还有的一起蹲在地上察看菜地里的胡萝卜或禽舍里的小鸡们的长势。就连我们这里最年长的孩子们都常常围着旧木亭追逐打闹。在别的学校，孩子到了这个年纪一般只会你一帮我一伙地在角落里杵着。而我们的孩子多半是在玩一个叫“大搜捕”的捉人游戏。从言行里就能看出，他们仍然是孩子。

现在，请你移步走廊，尽管往教室里看。你可能会马上注意到，学生大多都没坐在课桌前。与如今绝大多数公立学校，甚至大部分私立学校不同，帕克走读学校严格禁止进行公立学校里的那种强制性的标准化考试，这就给实践性学习留出了大量额外的时间。在帕克走读学校，你很少会看到老师在前面讲课，学生规规矩矩地坐着认真听讲的场面。你更有可能看到的是学生正动手混合不同的原料来制作无毒的家用清洁剂，或者为学校设计雨水收集系统，或者正磨着麦子准备来烤午饭吃的松饼。有的学生可能在排练自己写的剧本，扮演时间旅行者或是发明家。有的学生围成一圈，通过设计一个罗盘来学习指南针的使用方法。你确实能看到学生们或围坐在地毯上，或瘫坐在懒人沙发里，他们可能在开班会，也可能在读书给彼此听。

如果你在校园里待的时间足够长，你就会明白为什么哈佛大学的研究人员会每年 4 次参观帕克走读学校，来研究儿童的创造力发展。在这个匆匆忙忙的世界里，帕克走读学校的学生们能有宝贵的闲暇时间来发展他们的创造力，并享受在这个社区的生活，我们为此深感骄傲。

举全村之力

奥克兰是美国治安最差的城市之一。近年来，抢劫和车辆盗窃的案件数量一直高居全美第一，谋杀率则居全美前十。尽管如此，在帕克走读学校，构成极其多元的群体始终能够和谐共处。

帕克走读学校的家长群体包括消防员、幼儿保育员、畅销书作家、机械工人、图像艺术家、领政府救济者、记者以及大学教授。也就是说，学生来自社会各个阶层，带着丰富的民族、宗教多元性。我们有意识地努力保持学生家庭背景的多元性，因为让学生分享不同的生活经历，有助于弥合社会鸿沟，这对他们每个人都有价值。

帕克走读学校的毕业生 90% 以上都上了大学，而全美的高中毕业生上大学的比例为 68%。这些孩子长大以后成为工程师、律师、企业主、社工、演员、艺术家和厨师。帕克走读学校的校友中还有一位智利的流行歌手、几位成功的作家、几名教师、至少三位大学教授以及两位公立学校的校长。特别值得骄傲的一点是，相比其他学校，帕克走读学校的校友里有更高比例的人成为非营利组织的工作人员，包括美国历史最悠久的环保组织塞拉俱乐部（Sierra Club）的现任总干事助理。

在最近毕业的校友里有两个身世特殊的男孩。兰萨纳·拉皮亚（Lansana Lapia）出生于塞拉利昂，母亲去世后，他的腿被眼镜蛇咬伤，最终被一对美国夫妇领养。萨利赫·哈拉夫（Saleh Khalaf）出生于伊拉克，他因误将一枚亮黄的集束炸弹当成玩具捡起来，而被炸伤双手和一只眼睛，随后被紧急空运至奥克兰儿童医院进行救治。在他们接受危重伤势治疗以及疗愈身体和心灵的双重创伤的过程中，帕克走读学校成了他们的避难所。同时，他们也用自己的勇气和毅力给他们的同学上了难忘的一课。他们的故事我在后文中还会更详细地讲述。

这样的交流彰显了学校这个小社区的能力，也提醒我们，形成一个强有力的社区是多么重要。这是我们的核心价值观，我会在后文详细描述。无论这听起来有多反主流文化，大量的科学研究已证实，在全球经济竞争中，值得信赖的人际关系绝不是华而不实的装饰品。事实上，这样的人际关系对高质量的教育来说至关重要。

然而，当代人却面临着人际关系带来的很多苦恼。随着美国人和他们的大家庭以及社交俱乐部越发疏远，学校已经成为社会的核心场所。毕竟这里不同于其他任何地方，家庭成员受法律的约束，至少在几年内，需要定期出现在这里。更重要的是，那些最隐秘和揪心的家庭问题往往最先在学校浮出水面：老师可能会发现一个女孩的自残行为，或得知一个男孩正在遭受身体上的虐待。也是在这里，大部分家长首次了解到他们的孩子存在严重的学习或行为问题，而这些问题也许会影响他们的一生。最后，还是在这里，一家人最有可能找到应对问题的有效手段。

多年来，遇到危机的家长们向我求助的方式常常会令我感到惊讶。我曾受邀在至少 6 位学生或家长的葬礼上致挽词，有的葬礼就在校园里举行。还有一个类似的例子："9・11"恐怖袭击事件当天，许多本地学校都提前放学了，我们却把大门敞开。很多大人和孩子涌入校园，在这里彼此寻求安慰。对于许多帕克走读学校的学生的家庭来说，学校这样做并不奇怪。

小菜一碟

1976 年 7 月，我来到了这个日后会变成帕克走读学校的教育实验地点。时年 22 岁的我，正在读研，顶着红色的爆炸头，蓄着密匝匝的小胡子，还戴着牙箍。

那个年代，公共教育的各种可能性让人无比兴奋。教育机构时隔多年，重新发掘了瑞士发展心理学家让・皮亚杰（Jean Piaget）和苏联心理学家列夫・维果茨基（Lev Vygotsky）的理论。皮亚杰说："教育的意义是培养创造者……你必须造就发明家、革新者，而不是墨守成规的人。"维果茨基也说："乖巧听话的好孩子，长大以后很少会成为热情洋溢的人、大有成就的人、情感丰富的人，甚至思想深刻和个性鲜明的人。"

当时，"以学生为中心"的教育策略刚刚开始流行。追随着 20 世纪 60

年代末从英国传来的风潮，美国的一些学校建造了无围墙的教室，学生凭兴趣在不同的“学习站”之间穿梭。作为我在圣弗朗西斯科州立大学教师资格认证项目的一部分，我与一位目光远大的公立学校教师罗尼·霍华德（Roni Howard）一起工作。他的六年级教室像个梦想游乐场，11 岁的孩子们在里面用木头搭了一个迷宫，训练一组褐家鼠。

在奥克兰，一群有理想的家长和老师刚从一所私立学校中脱离出来，在雅各之家正统犹太教会堂自己开了一个班，学校的名字就来自会堂所在的帕克大道。新任主管格丽·夏皮罗（Gerri Shapiro）从我的大学导师那里听说了我，于是邀请我去“帮忙”。

“我们付不起工资。”她告诉我。

我还是去了。在花了一天时间粉刷新学校的墙壁之后，我就心甘情愿地为之献上了我的整个职业生涯。

当时最让我沉醉的是我和学校的创始教师之一苏珊·埃尔布（Susan Erb）开的第一个会。我很快就意识到她是我见过的最出色的教育者之一。高挑潇洒的埃尔布在家长面前从容不迫，到了孩子面前又可以马上变得天真烂漫。她和孩子说话的时候，极少居高临下地俯视，而总是以蹲姿或跪姿平视他们，把孩子们的目光引向那些他们尚未发现的新奇玩意儿。她说院子里的树上住着仙子，连着骗了好几届的低年级学生：孩子们给仙子写信，而且总是能收到回信。在她的一年级教室里有个“魔法探测器”，是个小迪斯科灯球，每天早上她会把它打开照亮整间教室，来欢迎学生进入教室。

我马上就意识到，做埃尔布的徒弟比我读研究生能学到的东西更多。因此，我退出了硕士项目，同时指望着这份志愿者工作有朝一日会变成全职工作。

几周后，埃尔布和我又迎来了新队友，另一位才华横溢的老师哈里特·科恩（Harriet Cohen）。她在基督教青年会的告示板上看到了我们的招聘启事，这于我们而言真可谓三生有幸。科恩毕业于美国史密斯学院，是音乐硕士，以前在纽约东哈莱姆区做幼儿园老师。她把对艺术的热爱和一种强烈的社会公正意识带进了与孩子们的相处之中。她和我们一样对教书充满热忱，我们三人后来成了学校的中坚力量，并持续了很多年。在接下来的 30 年里，我们共同在帕克走读学校工作，哪怕学校的管理层和校址在创校初期不断变更，我们也始终维系着学校文化精神的延续。科恩在 2009 年退休后，仍继续在帕克走读学校和附近的公立学校爱默生小学担任代课教师，直到 70 多岁。

在那时，我当然不可能知道未来的 30 年会发生什么。暑假很快就结束了，9 月份我们将学校墙壁粉刷一新，从废品站捡回别人丢弃的家具，又向那些校史悠久的学校募集了一些书籍。我们的主管夏皮罗和仓促组成校董会的家长们每人出了点钱，勉强凑齐了创校的资金，招来了 22 名学生。他们时不时让我教一点课，但我的工作依然没有报酬。

整个过程中，埃尔布、科恩和我不停地讨论我们想要创建什么样的学校和社区。直到现在，只要一想起当时的情景，我们仍旧会忍俊不禁：我们一边布置教室，一边抓住匆匆路过的夏皮罗，想问她对学校的新课程有什么计划，她的回答永远只有一句话："小菜一碟！"言下之意，那根本不是问题。

于是，我们就从无到有地编写了课程计划和日常作息，整合我们的异想天开、灵光一闪以及实际所需，拼凑出了这所学校的"惯例"。教室拥挤，资源有限，并且犹太教会堂每个星期五下午安息日礼拜的时候都要占用教室，这一切都迫使我们经常去校外上课。渐渐地，我们开始习惯于每个星期五带学生去附近的公园上课，当年的一些学生还一度误以为学校是因此而得名。①

① 校名中的"帕克（park）"常用含义为"公园"。——编者注

创校第一年的 10 月，学生人数增加到 28 人。我有了自己负责的班级，也终于拿到了第一份工资。

接下来的 6 年里，学生人数增加了 10 倍，学校在换了两个地方后，搬到了现在这个原本用作孤儿院的校园里，终于稳定了下来。1986 年，我被任命为学校的校长，当时我 32 岁。后来，我的头发白了，我开始把它们剪得短短的。2013 年 11 月，我刚过完 60 岁生日，同时也正式宣布退休。不过如果不是因为患病，我会心甘情愿一直在这所学校干下去。

在近 40 年时间里，我看着上百个年幼无知的幼儿园小朋友成长为有趣、有思想的少年，也看着许多焦虑不安的家长变得更加自信。同时，这所小小的私立学校肩负起越来越多的公共使命。除了在校园内实践我们的价值观，我们也努力将价值观传播到更广阔的世界中去。正如我们的学校官网上说的那样："**我们相信一位优秀的学习者是充满自信、关心他人、有创造力的人。我们相信，衡量成功的标准是学生拥有在知识技能和社会视角的指导下，明确自己在这个世界上的位置的能力**。"

当然，在实践中，我们用更为具体的方式应对当代美国学校面临的挑战。在这个应试教育的时代里，我们选择把注意力集中到更高远的目标上，我们相信，相比于做不安的竞争者，如果学生们能成为有适应力的合作者，他们的生活会更积极向上、充实幸福。在这个学校课程越发标准化的社会里，我们关注和回应每个学生的个人兴趣，并鼓励学生爱上学习；在这个年轻人很容易变得玩世不恭的时代里，我们强调社会责任和行动。

这些做法从未妨碍学生上高中后取得好的成绩。相比于那些被多年高压考试摧残得筋疲力尽的学生们，帕克走读学校的学生往往表现得更出色。许多人考入顶尖大学，更重要的是，大部分学生都找到了符合他们兴趣和需求的大学，过上了快乐且充实的生活。

如果帕克走读学校在小学阶段为学生提供的教育真的与主流文化相对立，也许社会需要重新思考主流文化给予我们的东西。

成功公式

正如我前面提到的，在帕克走读学校建校早期，我们以为自己是在凭空构想一种新的教育模式。我们并不知道原来我们的成功其实是有规则可循的。我们受直觉引导，即兴发挥，创想出各种策略，看它们会不会有助于营造一个更出色的学习社区。无论做什么，我们都遵循着三个核心原则：**孩子们的情感需求和发展与他们的学业进步对我们来说同等重要；我们竭力创设一个稳固且互相支持的社区；我们培养学生的社会正义感。**

后来，在 1995 年，我偶然在一场教育大会上了解到，帕克走读学校的核心教育模式原来沿袭了一种历史悠久、备受尊重、土生土长的美国教育哲学。它被称作进步主义教育（Progressive Education），起源于 20 世纪初的进步时代，那是美国最动荡而又充满希望的年代之一。好奇心很快就引导我找到了劳伦斯·克雷明（Lawrence Cremin）撰写的关于进步主义教育史的经典著作《学校的变革》（*The Transformation of the School*）。这部经典巨著我读了又读，做了详尽的笔记，还买来催着同事们一起读。最终，我受克雷明的启发，开展了我自己的研究，发现原来在 20 世纪的 70 年代末和 80 年代大家以为是新鲜事物的“开放课堂”运动之前，进步主义教育者就已经致力于开创这条道路，而他们的工作几乎完全淹没在了历史中。他们设计的学校和我们的一样，同样注重对孩子情感和智力的培养。同样，他们也创设了强有力的、互相关心的社区，教育孩子要有社会正义感。

我了解得越多，越发现我们在帕克走读学校的工作与这些改革者的努力一脉相承，这让我震撼不已。我的同事们也和我一样受到激励，我们寻根溯源，和理念相似的学校建立了联系，很快我们便开始自豪地宣称，我们是一所秉承“进步主义”的学校。

我接下来的发现，就没那么鼓舞人心了。

进步主义教育理念曾经是美国学校中的主导力量，却在第二次世界大战后被妖魔化，因此严重衰退。一些反对者批判这些学校被左派占据，另一些反对者则责怪这些学校对学生过于放任。可悲可叹的是，这两种批评的声音至今不衰。今天，只有几十所零星散布在全美各地的学校还以“进步主义”自居，其中一部分学校创立于 100 年前，更多的则在 20 世纪 60 年代后才建校。还有许多学校也许遵循进步主义教育理念，但选择回避这个被历史玷污的名号。至于其他成百上千的公立和私立学校，虽然它们偶尔会采用一些进步主义教育的做法，但只有极少的学生能像帕克走读学校的学生那样真正获益于完整且精心设计的进步主义教育方案。

美国秉承进步主义教育理念的学校主要是一些星星点点分布在东、西海岸的小型私立学校，此外还有一些公立和特许学校。南部地区有几所这样的学校，中西部地区也有一些，包括芝加哥城区外一整个秉承进步主义的公立学区。当然，那些以为进步主义只能在条件优越的私立学校里实现的人，应该去了解一下这些蒸蒸日上的进步主义公立学校的模式，例如，波士顿市中心广受好评的教会山公立学校、加利福尼亚州帕萨迪纳的奥德赛特许学校、纽约曼哈顿的第 87 公立学校、俄亥俄州上阿灵顿的威克利夫小学，还有芝加哥西南部的纳马斯特特许学校。这些备受欢迎的公立学校证明这种教育模式并不需要雄厚的财力，也不依赖同质的富裕学生群体。不过，它确实需要训练有素且积极主动的教师。

可惜的是，“进步主义”这个词在公众视野中仍然和美国的左派政治纠缠在一起，而进步主义学校也继续被脸谱化为“放任纵容”“松松垮垮”“花哨无用”的学校。连那些少数听说过进步主义教育理念的美国人也大多把它看成明日黄花，而当代人普遍担心它对学生的教育缺乏严谨性和基础性。进步主义的污名影响之深，连我认识的那些全心全意致力于推行进步主义教育理念的人都谈“进”色变，急急忙忙地把有代表性的进步主义教育实践重新包装，换上像“21 世纪的学习”这种索然无味的名号。

对我来说，“不幸”二字已不足以形容我们的处境了。恰恰在进步主义教育理应得到复兴的时候，这样的趋势威胁到我们的身份认同和我们教育理念的完整性。今天的美国学生比任何时候都更需要我们的价值观和方法，而且，和以前不同的是，我们有证据证明这种教育的有效性。大量研究显示，采用进步主义教育者发明的三个核心教育策略来培养新全球经济环境下最需要的能力是特别有效的。**这三个策略是：（1）让学生投身于自己感兴趣的领域，现在常被称为“探究式学习”；（2）用跨学科的方法教授知识和技能；（3）把教学内容组织成项目，现称为“项目式学习”（project-based learning，简称“PBL”）。**科学家也已证明，我们推进强有力的学习社区的建设，能够帮助年轻人杜绝诸如酒精滥用的高风险行为。

以上我所讲的都有助于阐明为什么进步主义教育者不该在这个时候背弃我们的传统。我们不能再容忍断章取义的批评者歪曲这一教育传统。正相反，我们应该大声地讲出每一天我们在教室里看到的成果，这些成果理应分享给数百万美国孩子。如果我们不这样做，进步主义教育只会继续是美国教育中被埋藏的珍宝，仅供极小部分最有钱有势的家庭独享。

我来解释一下我的观点：近年来，硅谷大亨（包括已故的史蒂夫·乔布斯）[4]、上层政客和一大批好莱坞明星都送孩子上了进步主义学校。加利福尼亚州前州长阿诺德·施瓦辛格和他的前妻玛利亚·施赖弗（Maria Shriver）对加利福尼亚州伍德兰山一所公立的进步主义学校给予了大力支持。除了少数特例之外，这些富有的特权阶层家长很少在公众面前谈论他们的选择，他们担心的可能是隐私和政治问题。此外，一旦让大众知道上这些学校需要不菲的财力，他们害怕因此受到评判或嫉妒。无论出于何种原因，他们的沉默都带来了同一个结果，即美国最有价值的教育创新，仍然几乎只有精英阶层才能享受。

美国正迫切地寻找能改良头脑和心灵的学校模式。在这种背景下，时任美国总统的奥巴马的沉默格外让人失望。他自己小时候上的就是进步主义私立学校——夏威夷火奴鲁鲁的普纳荷学校，后来奥巴马夫妇送两个女儿上的也都是进步主义私立学校。她们先是去了芝加哥大学实验学校，这是一所由进步主义教育的开创者约翰·杜威在海德公园创办的学校；后来去了华盛顿特区的西德威尔友谊学校，这所贵格会学校虽然不用“进步主义”的名号，却符合进步主义学校的所有特征。美国教育部时任部长阿恩·邓肯（Arne Duncan）也毕业于芝加哥大学实验学校，而奥巴马政府前幕僚长、芝加哥时任市长拉姆·伊曼纽尔（Rahm Emanue）的孩子们上的也是芝加哥大学实验学校。

奥巴马的母校普纳荷学校创立于 1841 年，是美国最老的私立学校之一，也是美国规模最大的私立学校之一，目前从幼儿园到十二年级共有 3 750 名学生。虽然这个学校现在并没有称自己为进步主义学校，而是用了“创新学校”的提法，但它在历史上却并非如此。杜威本人于 1951 年对该校做了为期 6 周的参访，他的两个孩子当时也在此就读。在一次采访中，学校主席吉姆·斯科特（Jim Scott）用“一个非常进步的地方”来描述该校。学校甚至还模仿顶尖大学设有公共服务中心，让学生和家庭可以申请参加志愿者服务。

奥巴马在普纳荷学校就读的时候，他的家庭并不富裕。和现在学校里 20% 的学生一样，他也获益于学校的助学金。奥巴马也不是模范生，至少一开始的时候不是。[5]在他的自传《我父亲的梦想》(*Dreams from My Father*)中，他提到当时自己和朋友一起懒懒散散地混日子，成绩很差。但在普纳荷的岁月对他影响深远，部分原因就在于学校的进步主义特征。2004年12月，在奥巴马即将宣誓就职美国参议院议员之时，他重访了母校，感谢他的老师们看到了他在课堂里尚未展现出来的潜力。他们的鼓励帮助他后来在哥伦比亚大学和哈佛大学法学院里表现出色。

让喜悦重归学习

我希望这本书能够帮助数百万美国学生得到类似的机会——被赏识，被支持，从而发挥个人最大的潜力。这种教育与目前流行的严肃教学模式正相反，不会逼着孩子们去学习，不会用计算机读答题卡得出的分数来衡量他们的成长，而是用教育唤醒他们对学习的热爱，磨砺他们的品格，以及激发他们的好奇心。尤为重要的是，这样学习好玩多了！因为，如果没有某种积极的动力，我们怎么可能期待孩子终身不断地学习呢?

乔纳森·伯克(Jonathan Berk)是一位金融学教授，在斯坦福大学商学院教一门叫作“批判性和分析性思考”的课程。他几年前观察了他的两个女儿在帕克走读学校上学的情况，这让他对这种教育理念有了深入的思考。他说，那段经历改变了他对教育的看法，让他相信学生在体验到喜悦的时候，学习效果最好。

“我说的喜悦不是那种在游乐园玩了一个项目之后很开心的感觉，”他这样解释道，“我说的喜悦，是你经过努力掌握某种知识或技能带来的感觉。没有什么比从努力中得到收获更让人幸福了。”

从国家层面来说，这种智慧是我们曾经所熟悉的，是美国传统的一部分。

那我们为什么把它忘了呢?

目 录 Loving Learning

Loving Learning

开篇

教育的真谛：让孩子爱上学校

我们需要做出回应，需要革命，对我来说这一点不容置疑。

——约翰 · 杜威

《爱弥儿》的影响力

1762 年，哲学家卢梭出版了一部在教育史上具有划时代意义的作品《爱弥儿：论教育》（简称“《爱弥儿》”）。他对孩子应该如何接受教育的传统观念所发起的挑战，至今仍令人们辩论不息。

书里，卢梭以一位家庭教师的口吻，描绘了他为“假想”的学生爱弥儿提供的理想教育蓝图，其中他建议摒弃书本和提前设置好的课程规划，让孩子在幼年时期用感官探索世界。卢梭认为，只有“适应人类心灵”的教育才能使孩子的内在智慧和善良不被污染。

人们可能会问：卢梭有什么资格谈论该怎么教育儿童呢？这个问题合情合理，几个世纪以来很多人都问过。卢梭的母亲在他出生 9 天后就去世了，他的父亲在他 10 岁时也弃他而去，他只能进行自我教育。在他的《忏悔录》中，他承认自己曾说服为他生了 4 个孩子的情人把孩子送到孤儿院。他写道：“一想到他们会被托付给没有受过良好教育的父母来养育，让他们接受更糟糕的教育，我就全身颤抖。”

尽管如此，卢梭笔下描绘的关于该如何引导年轻心灵的构想，展现了他打破传统的自信。他劝告母亲们用母乳喂养自己的婴儿，这种想法在当年可谓非常激进。他还要求所有的男孩都要学一门手艺。《爱弥儿》的影响远远超出了卢梭居住的城邦国家日内瓦。[1]德国哲学家康德写道，他读了这本书许多遍，称它“为人类权利的复兴做出了贡献”。同时，卢梭对原罪和神的启示等基督教教义的否定，让新教和天主教会都对他怒不可遏。巴黎大主教谴责他，焚他的书。在牢狱之灾的威胁下，他被迫离开日内瓦。接下来的 12 年里，他在欧洲四处漂泊，身体每况愈下，最后在巴黎附近一个朋友的庄园里死于大出血。卢梭虽死，《爱弥儿》的精神却历久不衰，在两个半世纪后的今天仍在延续。

在 1798 年，瑞士一个落魄的农夫约翰·亨里希·裴斯泰洛齐（Johann Heinrich Pestalozzi）从《爱弥儿》中找到灵感，经过自我改造成了一位教育科学家。裴斯泰洛齐批判当时学校里常见的机械学习方法，在瑞士和德国开办了学校，投身于“心、脑、手”的教育中[2]，后来他被誉为“现代教育科学之父”。在这些学校里，孩子们不用死记硬背功课，而是唱歌、画画、写作和表演体操。几十年之后，在德国，裴斯泰洛齐的学生之一弗里德里希·威廉·奥古斯特·福禄培尔（Friedrich Wilhelm August Froebel）发明了一个新词“Kindergarten”，意思是“孩童的花园”，用来描述由他亲手创办的那所诗情画意的学校。在那里，最年幼的孩子会摆弄福禄培尔发明的几何积木，而他称这种活动为“自由工作”。通过这些传承，卢梭当年提出的那些更慈爱、更温和的教育主张，启发了 20 世纪早期美国涌现的那些教育改革者。

美国赫赫有名的进步时代的全盛时期大约从 1870 年持续到 1920 年。在同一时期，新技术推动了一场又一场社会变革，后世的历史学家称其为第二次工业革命。轿车、自行车、石化产品、铁路、电灯和收音机改变了生活的方方面面。美国人和数百万新移民一起涌入城市。仿佛是一夜之间，工作脱离了家庭和农场，进入了新建的工厂。

随着城市人口的增长[3]，贫困率和犯罪率也在上升，关心如何同化和稳定民众的政客们实施了义务教育。在此之前，贫困家庭有的自己在家里教孩子，有的把孩子送到单室学校，而富裕家庭雇家庭教师或送孩子上寄宿学校。公立教育的普及，让这个庞杂的系统逐渐消失。19 世纪末 20 世纪初，美国有 34 个州颁布了法律，规定 14 岁以下的孩子必须接受义务教育。到 1920 年时，超过 2/3 的美国孩子都在学校上学。

这些新教育机构叫作“普通学校”，大部分以普鲁士的教育系统为基础，学校的样子和运营方式都如工厂一般，用铃声提示严格的作息时间。这里的新模式是指所有的学生应该学习同样的内容。从理论上看，这个概念和现在美国大部分州推行的《共同核心州立标准》（Common Core State Standards，简称“CCSS”）有相似之处；从实践上看，其教育内容更基础、更无趣。

根据当时的新闻报道，这些学校大多糟糕极了。50 个或更多的不同年龄的孩子挤在一间教室里，坐在一排排固定在地板上的连体桌椅前，鹦鹉学舌般跟着老师学。不管男孩还是女孩，受惩罚时都会挨老师一顿笞打。在哲学家、心理学家、进步主义教育改革者中最声名显赫的杜威后来回忆时这样说：“我们需要做出回应，需要革命，对我来说这一点不容置疑。[4] 传统的教室之恶及其离现实生活之远，正统教材之重及其对思想压迫之深，这一切都急需改革。”

记者约瑟夫·迈尔·赖斯（Joseph Mayer Rice）自 1892 年起执笔撰写了一系列爆料文章，将众多普通学校的惨状揭露于世。[5] 赖斯原本是一名儿科医生，后来他发现，若要改善儿童的权益，最需要做的是关心他们所处的环境，于是便决定不再行医，转而投身于教育改革事业。他研究了从东海岸到中西部地区 36 座城市里的公立学校，记录了他们监狱般的学习条件。“我无法想象，”他说，“那么多慈爱的母亲会毫不犹豫地自愿将孩子的命运交给那些地方政客，任由孩子被粗暴地对待。这些政客把孩子们置于令人窒息的教室里，交给那些严厉得近乎野蛮的老师。家长们竟然对此毫不在乎。”

赖斯坚定地记录着公立教育最糟糕的景象[6]，但同时他也讲到了几个不同的情况：几个被他称为“进步主义者”的勇敢先锋开展了更开明的教学实验，创造了几座卓越的教育孤岛。比如，在印第安纳州，有几所学校教学生们画水彩、油画，制作泥雕，也教育他们“互相帮助”。赖斯还详细记录了芝加哥城外的库克县师范学校①，在那里弗朗西斯 · W. 帕克（Francis W. Parker）开设了艺术、自然研究和社会关系课程。帕克的“全面”教育模式引起了国际上的关注，后来杜威将他誉为“进步主义教育之父”。

赖斯的颠覆性文章向教育者和家长揭示了当时的状况，从那以后，他们也越来越坚持要以更令人愉快的教育方式取代教育中的专制惩戒和盲目训练。

换句话说，美国家长想要的，是用更像卢梭在《爱弥儿》中所描述的教育方式来对待孩子。

科学和改革大爆发的年代

早年那些呼吁学校要更人性化的抗争，发生在历史上最激情四射、最富有理想主义和最具变革性的时代之一，那时，从美国到全球，各种创新的思想层出不穷。1890 年到 1920 年是不寻常的 30 年：威廉 · 詹姆斯撰写了“心理学”这门新科学最早的论文；奥维尔 · 莱特驾驶美国第一架飞机并试飞成

① 该校为芝加哥州立大学前身。——编者注

功；亨利·福特发明了福特 T 型车；阿尔伯特·爱因斯坦提出了相对论；西格蒙德·弗洛伊德出版了《梦的解析》；伊戈尔·斯特拉文斯基创作了革命性芭蕾舞剧《春之祭》；巴勃罗·毕加索完成了原始立体主义画作《亚威农少女》。

在科学家和艺术家挑战传统之时，一群新式中产阶级社会活动家也提出了关于公平的新理念。女性开始争取投票权；著名爆料记者艾达·塔贝尔（Ida Tarbell）和厄普顿·辛克莱（Upton Sinclair）分别揭露了标准石油公司和肉制品加工行业的腐败；工会呼吁降低工人每周的标准工作时间（70 ～ 80 小时）。

新一代社会活动家中有许多人受到来自心理学这门全新的科学中关于儿童大脑发育原理的启发，转而关注儿童待遇。儿童不再被仅仅视为缩小版的、尚未开化的成年人。人们对孩子的脆弱和自我修复的潜力有了新的认识，从而对当时一些常见做法（例如使用童工，或把未成年犯按成年人的标准判刑）发起了挑战。1899 年，伊利诺伊州的库克县建立了首个未成年人法庭，它革命性的指导原则就是，政府可以且应该试图帮助年轻人改邪归正，而不仅仅是惩罚他们。

这些改革家最终很自然地和当时严酷的公立学校较起劲来。他们创办的新式学校禁止体罚，用更积极的方式让学生们对这样的新式学校心生向往。根据帕克的理想，这类学校将会是“一个模范的家庭，完整的社区，民主的摇篮”。[7] 帕克是马萨诸塞州昆西市的督学，他蓄着车把胡子，中年谢顶，外表严肃。他用小组项目和艺术课这类更自然的学习方式取代了填鸭式教学和考试成绩。1879 年，他的学生在州际考试中胜过了其他学校的学生，然后他便因为“昆西教学法”出了名。

杜威和帕克是美国进步主义教育改革者中最出名的两位，而参与这场运动的还有很多意志坚定的杰出女性，她们中甚至有些人还起到了领导作用。

在由她们参与创办的学校中，有一些直到现在仍在继续运营着。这些人包括：玛丽埃塔·约翰逊（Marietta Johnson），她于 1907 年在亚拉巴马州费尔霍普创办了有机教育学校；卡罗琳·普拉特（Caroline Pratt），她于 1914 年在纽约创办了城乡学校；艾格尼丝·霍金（Agnes Hocking），她是林荫山学校的联合创始人，该校于 1915 年创办，位于马萨诸塞州的坎布里奇；露西·斯普拉格·米切尔（Lucy Sprague Mitchell），她于 1916 年在曼哈顿创办了银行街儿童学校。

当然，如果仅从至今仍在运营的学校数量上来看，这个时代所有进步主义教育改革者中最有影响力的，当属意大利医生玛丽亚·蒙台梭利。蒙台梭利做医生的时候就提倡用更开明的疗法和教育来帮助患精神病或违法犯罪的年轻人。1906 年，她受邀在罗马的一座公寓楼里负责一群低收入家庭孩子的教育。在那里，她建立了第一所“儿童之家”（Casa dei Bambini）。这所有着 50 多名 2 ～ 7 岁孩子的学校是后来蒙台梭利学校的前身。据估计，今天全球范围内有两万多所蒙台梭利学校[8]，分布在 52 个国家。

谷歌创始人拉里·佩奇（Larry Page）和谢尔盖·布林（Sergey Brin）都曾在蒙台梭利学校就读，他们说自己的成功得益于所受的教育。其他著名的蒙台梭利学校校友还有爱因斯坦、安妮·弗兰克（Anne Frank）、茱莉亚·查尔德（Julia Child）和诺贝尔文学奖获得者加西亚·马尔克斯。美国发明家亚历山大·格拉汉姆·贝尔（Alexander Graham Bell）和托马斯·爱迪生在美国和加拿大参与创办了蒙台梭利学校。比尔·克林顿和希拉里·克林顿也曾送女儿切尔西去一所蒙台梭利学校上学。

蒙台梭利和美国的改革者们一样，深受卢梭、福禄培尔和裴斯泰洛齐影响。她的名言是“跟着孩子走”，她决心摒弃死记硬背的教学方法和高度组织化的学校模式，改为以学生的好奇心为主导的、更愉悦的学习方式。杜威和蒙台梭利在这些根本点上完全一致，但在其他问题上存在分歧。比如，在孩子应该几岁开始学习阅读的问题上，杜威倾向于 8 岁，而蒙台梭利认为他们四五岁就准备好了。还有，关于孩子玩耍时应该享有多大自由度的问题，杜威及其支持者认为蒙台梭利对孩子限制太多。受这些因素影响，两股运动没能正式合并。今天，美国估计有 4 000 多所蒙台梭利学校，其中有不少明确自称秉承“进步主义”理念，剩下的则回避这个叫法。

华德福学校的情况也类似。1919 年，为了服务德国斯图加特的华特福·阿斯托里亚烟厂的工人子弟，在奥地利哲学家和建筑师鲁道夫·施泰纳（Rudolf Steiner）的影响下，世界上第一所华德福学校成立了。施泰纳与杜威、蒙台梭利一样，反对当时学校封闭压抑的气氛，于是开发了一套更人性化的教学方法，让孩子在更小的学习压力和更大的自由下成长。在 2014 年，据估计全球 60 个国家共有超过 3 000 所华德福学校和幼儿园，其中美国约有 150 所。和蒙台梭利学校一样，华德福学校也在许多重要的方面和受杜威思想启发的学校非常相似，包括拒绝标准化考试和成绩，强调建立牢固的师生关系以及注重对理想主义的培养。然而，它们仍是两种不同的教育改革运动，而且，和蒙台梭利学校不同的是，很少有华德福学校自称秉承“进步主义”理念。

华德福学校区别于蒙台梭利学校的一个重要因素是施泰纳的哲学思想“人智学”里含有灵性的元素。（但华德福支持者回应批判者时会说学校不教授宗教方面的知识。）华德福学校的另一个特点是他们特别强调培养孩子的想象力。因此，他们在孩子 7 岁之前不教识字和阅读。此外，进步主义学校和蒙台梭利学校都让家庭自行决定孩子对大众媒体的态度，但华德福学校强烈建议孩子不要接触电视和电脑游戏，他们的学生往往直到上了高中才在课堂中使用电脑。

让人感叹的是，远在即时电子通信和全球化时代到来之前，美国和欧洲这些有远见卓识的教育家和思想家就同时用如此相似的方式来反抗早期的公立学校。[9]他们开创了扎实稳固的模式，至今仍吸引着世界各地的人本主义者。

心灵和头脑

20世纪的美国改革者们无比真诚恳切。“如果让我告诉你我的人生秘诀，”帕克写道，“那就是我深深地渴望看到人类的成长和进步。”[10]

虽然他们非常感性，但这些斗士们也以信仰科学为荣。他们从世界各地的研究中选出好的想法，并全面地检验他们的假设和方法。1896年，也是“昆西教学法”出名后的第17年，杜威这位特别高产的作家和评论家（他的文章结集成册共计37卷）开办了自己的实验学校，作为芝加哥大学教育学系的实验和示范中心。[对了，你可能在想，杜威是不是也发明了杜威十进制图书分类法。不是，那是麦尔威·杜威（Melvil Dewey）在1876年发明的，两人没有血缘关系。]

在芝加哥，杜威检验和展示了帕克最早使用的几种教学策略，例如动手实践，跨学科教学，大量的体育、音乐、美术和实践课，也包括家政和木工课。经过对学生的仔细观察和反复试错后，他着手设计了一套新的课程体系来打破教室与世界之间的壁垒，让学校更像“真实的生活”。[11]

卡尔顿·W.沃什伯恩（Carleton W. Washburne）是杜威最坚定的追随者之一，也是1919年至1943年伊利诺伊州温内特卡镇备受赞誉的督学。他和杜威一样，既是大胆的创新者，也坚定地相信研究可以更好地指导新的实践。沃什伯恩在他的学区里成立了正式的研究部，这个研究部在各种教育刊物上累计发表了超过100篇论文。1930年，他和家人，还有学区里一所学校的校长开始了一段不同寻常的旅程，去日本、中国、印度、土耳其和苏联考察教育创新情况。他把研究成果著成一部名为《人类的改造者》（*Remakers of Mankind*）的书。其中，沃什伯恩惊讶地观察到 20 世纪 30 年代中国学校对个人思考的重视，尽管这些学校同时也遵从儒家的道德观。根据沃什伯恩的记录，杜威的思想在那个时代的中国很受欢迎，这与他在极端民族主义的日本看到的整齐划一形成了鲜明的对比。

这些早期改革者们的创新举措有不少在今天的主流学校中被保留下来。举几个例子：建造操场、攀爬架，鼓励校外学习，设立美术课和音乐课，还有提倡晨会和社区服务等。当代的学生应该感谢杜威、帕克、沃什伯恩和他们的追随者们把这些创新举措带进了学校。

过山车的时代

进步主义教育运动在 20 世纪 30 年代末至 40 年代达到了影响力的顶峰。在 1938 年，《时代》周刊有一篇封面文章宣称：进步主义教育运动只用了 20 年就从“微不足道的、在很多人眼里仅局限在几所私立学校里的、想入非非的运动”[12] 发展到在纽约、芝加哥和洛杉矶的郊区站稳了脚跟，最终甚至到了“没有一所美国学校能完全不受其影响”的程度。

几年后，进步主义教育运动又进一步赢得了不小的声望[13]，这一次是因为一个从 1930 年到 1940 年为期 10 年的划时代追踪研究项目。这个项目的名称有误导性，叫作“八年研究”。进步主义教育协会委托大学学者追踪了 30 所进步主义学校和其他创新学校的 1 475 名学生从高中到大学的经历，并将这些学生与精心挑选对照的同样数量的传统学校里的学生进行对比。他们发现，相比之下，非传统学校的学生成绩更好，更有领导力，获得更多学术奖项，更重视阅读和艺术，也对民主有更好的理解。

在 20 世纪 30 年代末，进步主义教育协会的大会每次都会吸引 5 000 多人参加，这样的规模对我们当代的教育组织来说，都可谓是非凡的成功。那时，主流大学都在用进步主义教育方法培训教师。

然而，这场运动远不是真正团结一致的，表面的团结下已经开始出现裂痕。到了 1927 年，杜威就警惕地注意到，一些过分热情的追随者在关注孩子兴趣的过程中完全丧失了他们作为教师的作用。连爱弥儿的家庭教师在他那间小小的教室里也从未完全放弃控制。但是如杜威所写的那样，那时有些老师只是把学生放在装满玩具和工具的房间里，让孩子们“按照自己的意愿”去行事。他称这种做法“愚蠢至极”，又补充道：“这是对独立思考的条件的误解。”[14]

另一条裂痕沿着政治分歧出现。美国经济大萧条初期，改革者中对立各派在“学校是否应该努力让社会更公正，是否应该向学生灌输政治理念”这个问题上各执己见。这一分歧在 1932 年的一次会议中发展到了顶点：哥伦比亚大学教育学院教授乔治·康茨（George Counts）发表了一系列的演讲，后来收录在一本小册子中，题目是《学校是否敢于建立新的社会秩序》（*Dare the School Build a New Social Order*）。康茨对政治运动的呼吁让他同进步主义教育协会的许多成员疏远了，而这些成员想让学校继续把核心关注点放在回应个体孩子的情感和教育需求上。

康茨也是个颇有影响的工会主义者，他在 1939 年成为美国教师联盟的主席，后来成立了纽约自由党，还参选美国参议院议员，但并未成功。这些年里，尤其是第二次世界大战后，美国在政治上逐步变得更加保守，进步主义教育运动仍与康茨和其他左派的社会活动家公开联系在一起，这一点削弱了公众对非主流学校的支持。

1952 年杜威去世后，批评者反复强调他对劳工和社会主义组织“人民游说团”（People’s Lobby）的支持。杜威担任过该组织的主席，曾称美国主要的政党为“大公司的小跑腿儿”。[15] 保守的教育专家更倾向于将所有关于意识形态的讨论留在美国的教室外面。他们还批评进步主义教育，说它对艺术和人际关系的关注挤压了传统教室“3R”（阅读、数学、写作）的学习时间。一群由哥伦比亚大学教育学院教授威廉·钱德勒·巴格莱（William Chandler Bagley）领导的自称为“要素主义者”（the Essentialists）的反对派说，进步主义教育改革者把孩子们变得不擅长拼写，把美国教育变得“娇气”。[16]

翻阅帕特里克·丹尼斯（Patrick Dennis）1955 年发表的小说《欢乐梅姑》（*Auntie Mame*），就能马上真正理解这个曾经深具影响的运动在公众心里究竟堕落到何种地步。这本书后来还被改编成颇受欢迎的舞台剧和电影。故事的核心是梅姑和她侄子的监护人的争执，后者反对梅姑把侄子送去进步主义学校。

> “我走进那个所谓的‘学习机构’——我看到了什么？整个教室里男孩儿、女孩儿、老师全都一丝不挂地跑来跑去，就像他们出生那天一样！”监护人怒吼道。
>
> 还有更糟糕的呢。侄子解释说那天班上在玩一个游戏，名字叫“鱼的一家”，男孩女孩假装自己是鱼，在沙子里产卵。
>
> “还有什么比这更积极健康、原始自然吗？”梅姑回答。[17]

很明显，丹尼斯没指望读者同意梅姑的看法。

那一年，进步主义教育协会解散了，改革者不再能够有组织地回应越来越多的批评。两年之后，他们又受到了致命一击。苏联成功地发射了人类第一颗人造卫星“斯普特尼克 1 号”，进一步激发公众的恐惧：美国孩子在数学和科学上相比于他们的超级大国对手已经落后了。在那之后，要求教育“回归基础”的呼声变得势不可挡。

1965年，美国《中小学教育法》(*Elementary and Secondary Education Act*）提出公立学校必须开展标准化考试。《爱弥儿》中的教育精神全线溃败。

这就是20世纪50年代后期至60年代早期（也是我成长的关键时期）学校教育的背景。

教育的反面典型

我对进步主义教育毕生的热情直接来源于我与这一教育理念相反的个人受教育经历。

从幼儿园到高中，我在圣弗朗西斯科一个工薪阶层社区里的一所严肃的天主教学校上学。我们那拥挤的课堂和固定在地板上的课桌就仿佛是直接从20世纪早期穿越过来的，就像杜威笔下所写：

> 正如生物学家可以用一两根骨头推想出整个动物，我们若把一间普通的教室放在心灵之眼前，看到那一排排按几何形状摆放的丑陋课桌，挤在一起让房间里完全不剩任何走动空间，每个课桌尺寸划一，只放得下书本、笔和纸，再加上讲台、板凳、空荡荡的墙壁，也许再加上几张图画，也能推想出这个空间里唯一可能发生的教育活动。这个空间是为了听讲而设计的（自己通过读书来学习是另一种形式的听讲），它标志着一个头脑对另一个头脑的依赖……相对来说，它意味着被动……[18]

我和我的同学们活在对修女老师的恐惧中，能够感受到她们在黑白修女服的遮蔽下对我们怒目而视。我的一些老师只要看到学生稍有不忿，便会打他们耳光，哪怕只是稍微翻了一翻白眼都会被当成无礼行为。我自己虽然没被打过，但是我一次次看到别的孩子被扯头发、提耳朵、拎脖子，甚至还有一次，一个孩子被扔到房间另一头，只因为他自作聪明地回了一句嘴。

天主教学校一直以管教严格著称。当然，从那以后，在学校体罚变得越来越少见了。但不幸的是，我记忆中那些年的经历，包括无情的竞争和对学科知识的死记硬背，都以某种形式在当代许多公立和私立学校里延续着。

我们一个小时接一个小时地坐着，双手交叉放在课桌上，跟着老师的指令重复。一年级时，我们被要求背诵《巴尔的摩教理问答》（*Baltimore Catechism*），那是天主教教义的英文版本。二年级时，我们学了弥撒中使用的拉丁文句子。四年级时，我们背诵了乘法表、数学公式、历史年代以及语法点，鹦鹉学舌般复述给老师听。

我们的课桌排成一行行，优等生坐在前面，成绩差的学生被赶到后面去坐。大部分学生接受了这个体系的规则，激烈地参与竞争，因为他们害怕被同学和老师嘲笑。我们并不相信老师是想要开阔我们的视野，启发我们的创造力，或教我们自我认识或同理心，我们也没指望老师会这样做。我们只想熬到放学铃响，重获自由。

我只记得有一次，我渴望学校能给予我更多。我父亲患癌症去世的时候我 6 岁，是家里 6 个孩子中最小的。他的葬礼后的第二天，我在班上举起手。

我的手在空中举了好长时间，老师终于叫我了。

“我只是想告诉您，我爸爸去世了……”我开始说。

“是的，托马斯，我们已经知道了。”修女回答，然后继续讲课。

我还记得，我缩回座位上，感觉比没人关心我还糟糕。后来我知道，学校并不是不关心我家的处境。校长已经联系了我的妈妈，学校提供了助学金，让她的孩子们可以继续在学校上学。但是，教室里的信号依然一清二楚：表达情感是不被允许的。

十多年以后，我被这样一种教育理念强烈吸引，想用更富同情心的心态和行为对待学生，就毫不奇怪了。

上大学的时候，我读了乔纳森・科佐尔（Jonathan Kozol）的《早逝》（*Death at an Early Age*），让我立志成为一名教师。为了支持自己完成学业，我在圣弗朗西斯科一个卖花摊工作，生意不忙的时候我就把书从后裤袋里拿出来读。科佐尔这部作品描述出和我经历的枯燥教育完全不同的可能性，让我渴望能从事同样崇高的职业。我当时并不知道这种我所追求的非主流教育叫什么，更别说了解它深远的历史或科学的教学法了。

我在 20 世纪 70 年代中期开始读研究生[19]，当时更轻松、更创新的学校教育引起了新一波关注。那是“开放课堂”运动的年代。现在，我认为那个时代是进步主义教育运动的第二波浪潮，当时的新教育理念无疑与进步主义哲学相呼应：无围墙的课堂，学生不分年龄自由移动，以兴趣为导向，参与动手项目，老师扮演引导者的角色。尽管如此，我不记得有教授明确指出这些做法和杜威或帕克的开创性成果有什么关系。而到了 80 年代初期，它也几乎完全销声匿迹了。

开放课堂运动的“斯普特尼克时刻”发生在 1983 年。当年，里根总统任下的教育部长 T. H. 贝尔（T. H. Bell）委任了一个蓝带委员会（Blue-Ribbon Commission）。该委员会发布了一份措辞严厉的报告，题为《危机中的国家》（*A Nation at Risk*）。报告提出了一个著名的、令人深感不安的结论："我们社会的教育基础正在被不断增加的平庸性所侵蚀，这将威胁我们国家和民族的未来。"

国家对此做出的回应是狂热地建立学校问责机制，主要以增加标准化考试的方式进行，两大政党都支持这种政策。到了 2001 年，"问责"已经成为热词。那一年，小布什政府通过了《不让一个孩子掉队》（*No Child Left Behind*）法案，将国家教育经费和学生在标准化考试中的表现联系在一起。8 年后，奥巴马总统提出《力争上游计划》（*Race to the Top*），追求相似的目标，不过这次用的是"萝卜"而不是"大棒"。无论联邦政府的政策具体如何制定，传递出的信息越来越明确：学校要想存活下来，学生就必须在政府要求的考试中获得高分。结果是，老师也明白了，要保住饭碗就要花更多的时间和精力来让孩子背功课、做练习。在所谓"第三次工业革命"时代里，教室看起来越来越像 20 世纪初沉闷的公立学校，《爱弥儿》的精神又一次溃败了。

和汤姆一起旅行

你可能很难相信，那些明确追随进步主义教育理念的学校在所有这些恐惧和政策下竟然能活到今天，但是确实有几十所学校顽强地坚持了下来。在 2013 年春天，我下定决心要拜访一些有代表性的学校，以此来深入研究已有百年历史的进步主义教育理念在今天的学校中保持得怎么样，同时评估一下这一宝贵的教育遗产有多大可能再一次成为美国的主导教育理念。

8 年前，我和 6 位教育界同仁复兴了进步主义教育的美国全国性组织，并将它更名为"进步主义教育网络"（the Progressive Education Network，简称"PEN"）。我从 2011 年初到 2013 年底担任主席，在此期间我们组织了 4

次全国性会议，会议规模逐次增大，形势也越来越乐观。来自全美各地的数千名教育界人士参加了我们在圣弗朗西斯科、华盛顿、芝加哥以及洛杉矶举行的这 4 次大会。各地的专家、作家和教育工作者分享了各自在课程设计方面的最佳实践，探讨如何应对学习差异，也了解了神经科学的前沿成果。

唯一一个我们始终没能走在最前沿的工作就是保护和推广我们的品牌，来清楚地向世界宣告我们是谁，我们在做什么。

一次又一次，我看到进步主义教育者竭力解释我们和传统学校有何不同，但还是说不清楚。这种状况其实由来已久了。我们常开玩笑说，如果你让 20 个人定义进步主义教育，会得到 21 种不同的答案。

克雷明在他那本介绍进步主义教育运动前 80 年（1876—1957）历史的书中甚至否定了给进步主义教育下一个简要定义的可能性。“这种定义不存在，以后也不会有。”[20] 他写道，“因为从古至今，教育对不同人的意义都是不同的，而美国教育如此多元，又只会把这些不同进一步放大。”

尽管我对克雷明非常敬重，但我认为他的观点对我们的事业相当不利。清楚地定义我们所做的事不仅是可能的，更是必要的。我们只有先变成更好、更一致的倡导者，才能让我们成效卓著的教育策略走向主流。

在这个目标的指引下，2013 年 2 月，我从帕克走读学校的校务中抽身，拜访了遍布全美的 45 所进步主义学校，采访那里的老师、学生、家长和校长。当时，我的病还没有检查出来，幸运地有时间和精力一路乘着飞机、坐着火车、租着自驾车在城市、郊区和农场间旅行。我做了超过 100 多个小时的采访，希望延续克雷明的工作，描述 20 世纪 60 年代以来进步主义教育的发展状况，也希望得出这个难以捉摸的进步主义教育的简要定义。

我拜访的学校中有私立学校也有公立学校，从波士顿内城区里种族多元的教会山学校，到佛蒙特州乡下几乎全是白人的帕特尼私立高中。我也拜访了几所像帕克走读学校一样，通过大规模募款和奖学金项目来服务各种不同经济背景学生的学校。我选择去这些学校主要是因为他们有出色的口碑，既包括了像威克利夫小学这样明确自称“进步主义”的学校，也包括像西德威尔友谊学校[①]这样故意回避“进步”二字但仍明显遵循进步主义教育实践的学校。

根据我的估计，仍自称秉承进步主义教育理念的学校在美国不超过100所。这些学校的校长和老师中有很多人向我坦言，觉得自己孤立无援，茫然无措。我不止一次被问道：“汤姆，什么是‘进步主义教育’，我们还在践行它吗？”

然而，我也看到了许多证据表明这场运动仍顽强地持续着。一次又一次，只要我走进一间进步主义学校的教室，无论它在纽约、波士顿内城区还是伊利诺伊州或俄亥俄州的郊区，我都会马上觉得像回了家一样熟悉自在。这些学校的孩子们总是不知为何仿佛更轻盈、更欢快和更投入。大部分时候，孩子不只是呆坐在椅子上。墙上贴着鼓舞人心的格言，教室一角总有一块地毯，让低年级孩子能舒舒服服地学习，或是围坐着讨论如何强化他们的班集体。

如果我停下来观察一会儿，我也总是会注意到大家共有的教学法：重视培养学生建立人际关系的能力，给予学生自由的同时加以适当的约束，遵循他们的兴趣，鼓励动手实践和参与有创造力的项目。这些教学法揭示了课程背后更深层次的意义。近年来，即使正统教育中越来越少地采用进步主义的教学策略，这种一致性依然让我不禁惊叹。

我每拜访一所学校，就让那里的老师和校长用他们的话向我定义进步主

---

① 西德威尔友谊学校是一所幼儿园到十二年级的一贯制学校，位于华盛顿特区，本书在美国出版时奥巴马总统夫妇的两个女儿还在这里上学。

义教育。回家之后，我听这些录音，发现虽然他们用的词语和强调的内容各有不同，但总结起来仍然有非常多的共同之处。

我从上百个答案中筛选出大家一致认同的内容，提炼出了我自己的简要定义，比我目前听到过的其他定义都更清晰。这是我的定义：**进步主义教育是创造以学生为中心的环境，带着对社会公平的坚定承诺，让孩子为积极参与民主社会做好准备。**

我还发现我可以列举出 6 个核心策略，它们是从杜威、帕克和其他先驱那里传承下来，是今天的进步主义学校仍在积极采用的做法：

1. 关注学生的情感，有如关注他们的头脑。
2. 顺着学生的兴趣引导他们的学习。
3. 减少甚至禁止考试、打分和排名。
4. 组织学生参与社会实践，小到校外学习，大到自己管理农场。
5. 用跨学科整合的方式学习知识。
6. 支持学生关注社会公平，成为美国民主的积极参与者。

单单读这 6 个策略时，会让人觉得它们非常抽象，甚至冷冰冰的。但是，当我具体去想这些方法时，鲜活的记忆就会涌入我的脑中，形成了一幅让人喜悦的教学图景。

我希望你也能和我一样感受到这些策略的生命力。因此，在接下来的章节中我会详细地描述和解释这 6 个策略。我会带你继续走进帕克走读学校，并拜访其他的学校，在这些实验学校里美国最好的教育传统有血有肉地活着。对这份宝贵遗产，我们不能再视而不见了。

Loving Learning

第 1 章

教室里的魔毯：创设舒适的学习环境

一个孩子，对医生来说，他是个伤寒病人；对教练来说，他是个一垒手；对老师来说，他是个上算术课的学生。有时，这些专家会分别看到一个孩子的几个不同方面，但是，很少会将其看作一个完整的孩子。

——《1930 年白宫儿童和青少年会议报告》

魔毯旅行

12 个六七岁的孩子在一块 9 平方米的森绿色地毯上或坐或趴，这发生在帕克走读学校苏珊·埃尔布老师的一年级教室。他们中有一半能静坐不动，另一半则扭个不停。他们前后摇晃，摆弄头发，互相碰撞，冲着埃尔布急不可耐地招手，想引起她的注意。

在老师和学生之间的地板上有两个塑料圆圈，不比孩子的头大多少，一个标着“需要”，另一个标着“想要”。地上还有一堆蓝色的卡片，每一张上面写着一个词或短语，包括“空气”“干净的水”“衣服”“狗”“玩具”“房子”“爱”。学生轮流捡起一张卡片，然后决定应该放在哪个圆圈里。

埃尔布欢快而有魅力，和 40 年前我第一次听她上课时一样鲜活。在她的带领下，学生们正在同时学习许多东西。很明显，学生在分辨“需要”和“想要”的区别，他们的讨论生动极了：人如果没有住所一定会死吗？如果你不穿衣服，动物会更容易咬你吗？如果不吃饭，人可以活几天？他们也在学习维恩图，因为两个圆圈互相交叉以后，中间出现了一小块同时属于两个圆圈的新空间，这让学生看到有些人们需要的东西也可以是人们想要的东西，反之亦然。

最重要的是，孩子们也在学习提升专注力、自控力和同理心。即便他们看上去坐立不安，作为一年级小学生来说他们已经表现得非常好了，只要埃尔布稍稍指导一下，他们就马上能做出回应。他们会举手而不是打断别人，大部分时候也努力去倾听其他人在说什么。

他们已经会安静地用手势来回应别人，而不必叫出声。双手比画引号表示同意，手掌上下切表示不同意。第三个手势是把大拇指贴在前额，意思是“我需要让脑子休息一下！”。孩子可以这样征求老师同意，去教室门口的蹦床上跳一会儿。埃尔布也有自己的手势，比如，她会把一个手指放在眉毛上，安静地鼓励孩子“思考一下”。

半个小时的课，只有一个小冲突：一个女孩放完卡片以后想回去坐下，另一个女孩不愿意挪开，把原来的位置还给她。

看到这里，埃尔布马上把课停了下来。

首先，她用班级公约提醒大家：“看到问题，采取行动。”

然后，她转向被挡住的女孩儿——现在她正抱着自己的膝盖，仿佛是要让自己变得更小。

“朋友不给你让位的时候，你感觉怎么样？”埃尔布问。

“不好！”她嘟嘟囔囔地回答。

犯错的孩子穿着时尚的打底裤和开襟衫，小心地看着同学的脸，感受着自己的行为对别人的影响。她僵着身子，看上去很难受。

埃尔布已经准备好补救办法了。“我们回到这个不愉快的事情发生之前，重来一次好吗？”她笑着建议道。

全班的孩子看起来都松了口气。犯错的孩子咧嘴一笑，往一旁挪开，然后全班迅速回到了激烈的辩论中：利箭能不能穿过房屋把人杀死？这个问题的答案可能会决定房屋是人们需要的东西而不只是人们想要的东西……

让我们舒服点儿

1928 年，纽约州布法罗另一所帕克走读学校的创校校长玛丽·哈米特·刘易斯（Mary Hammett Lewis）热情地分享了她在教室里所做的一点小改动带来的大变化。[1] 她在教室里增加了一块“让人感到温馨的大地毯，让我们像亲密的朋友般坐在一起，友好地分享我们的兴趣”。她原本只是希望用地毯淡化“僵硬的桌椅”带来的正式感，但后来她发现它的影响远不止于此。“它变成了我冒险旅程中的魔毯。”她写道，“学生走上地毯的那一秒态度就完全变了。语言课变成了各种经验的秘密分享。今天，地毯会变成早期的曼哈顿岛，而明天它又成了大探险家亨德里克·哈得孙（Hendrick Hudson）的船。”

虽然刘易斯多半不是第一个在教室里摆上地毯的老师，但她清楚地阐释了为何这个舒适的设置会成为进步主义教育者的标志。地毯鲜明地代表了这一核心想法：老师必须关注学生情感健康，才能促进他们的智力发展。我们所做的一切都是从“全人”教育出发的。我希望让你看到，这不仅能给学习带来富有同情心的氛围，更会产生实际有效的成果。

我在美国各地参访进步主义学校时，看到只有很少几间教室里没有学生每天围坐的地毯，这多半是高年级教室。地毯传统背后的古老智慧可以一直溯源到卢梭、裴斯泰洛齐和福禄培尔，他们鼓励老师关注学生的身体、道德和精神需求。除了培养孩子们的头脑，教育同样要重视他们的身体和心灵。

在帕克走读学校，大部分老师会在地毯上开个晨会，然后开启学校的一天。在这块地毯上，老师重新查看当日的课表，学生们分享周末的见闻，许多班级还会练习冥想。也是在这块地毯上，学生们解决课间休息时出现的社交矛盾，复习行为规范，新的班级开始成为一个互相支持的集体。

对那些最年幼的学生来说，舒适的教室环境至关重要，因为他们仍在适应每天离开家进入学校的生活。但是随着学生长大，舒适仍是一个强大的工具：想一想，大学报告厅里的学生只能被动地坐着记笔记，而在舒适的大学研讨室里，学生坐在沙发和咖啡桌前，可能会被激发出完全不同的表现。研讨室和地毯一样都在提醒学生，他们可以放下戒备。在这样的环境下会产生更多的信任、更牢固的友谊，也会因此激发出学生的冒险精神、创造力和学习动力。

我之前提到过一位在斯坦福大学商学院任教的帕克走读学校的家长乔纳森·伯克。他说，他观察到帕克走读学校的学生在地毯上的表现后深受启发，开始试着帮助他的学生更放松地学习批判性思维的艺术。“保持心态开放对大部分人来说并不容易，”伯克说，“因为它其实有点违背人性。所以我要尽我所能帮助学生让身体先放松下来，这样能减少思想固性，有助于他们彼此倾听。”

埃尔布在一年级学生面前精彩的表现，隐约让我们感到，这其实并不容易做到。如果老师的工作只局限在保证学生能成功记住拼写、公式和历史年代，那可简单多了。最好的老师在训练这些基本功的同时也会努力培养其他重要的学习技能，例如批判性思维能力和解决问题的能力。进步主义教育者受到的训练让他们在此之上还能同时关注群体气氛，照顾每个学生独特的个性、发育阶段进程、恐惧和焦虑以及在学校的社会地位。

老师的介入不能过度，尤其因为大部分老师并没有受过专业的心理咨询训练。（埃尔布是个特例，她在职业生涯初期曾在纽约的一个儿童心理医院担任艺术治疗师。）但是，老师也不该忽略一个世纪以来的最佳实践，更重要的是，不能漠视学生的需要。他们明白，当他们投身教学时，有责任同时带着心灵和头脑。

我不是在暗示传统学校总是忽略学生的情感。大部分老师，无论在秉承什么教育理念的学校工作，都会费尽心思帮助学生处理操场上的矛盾，甚至还要解决学生家里的问题。从更宏观的角度来说，在过去 20 年中，我们的社会越来越意识到认知能力和情感发展的紧密联系，也开展了更多的教师培训来讲授“社会情感学习”（Social-Emotional Learning，简称“SEL”）策略，以帮助培养学生的“情商”。自 20 世纪 90 年代中期丹尼尔·戈尔曼（Daniel Goleman）出版了畅销书《情商》（*Emotional Intelligence*）后，人们对情商的关注度有了极大提升。他在书中提出，像自控力和同理心这样的认知能力，相比于智商，对一个人的成功和幸福有更大的影响。现在，美国已有 49 个州设立了面向年轻学生的社会情感学习标准，而一群来自两党的众议员也致力于帮助公立学校增开社会情感学习课程。

即便有了这些发展，进步主义教育者仍可谓鹤立鸡群，因为我们培养学生的情商的历史已经有一个世纪之久了。我们在这方面是老手，千百个情感成熟的毕业生就是证明。

别给孩子那么大压力

在过去的一个世纪里，有众多研究成果证明了全人教育这一进步主义教育的核心方法行之有效。

很多研究可以归结成一个简单的发现。压力会干扰学习，降低注意力和记忆力。无论你是战场上的士兵还是二年级学生，对威胁的感知会本能地激发你的“战斗或逃跑”反应。这个现象于 1932 年第一次被哈佛大学医学院教授沃尔特・布拉德福德・坎农（Walter Bradford Cannon）记录下来，现在已广为人知。这个反应发生时，应激激素会涌入大脑，切断包括消化在内的非紧急功能，为身体快速反应做好准备。短期内，这个反应会阻碍高级的、复杂的思考、学习和记忆。如果反复发生，则会对大脑中负责学习和记忆的中心之一海马产生长远的损伤。

当然，学生需要一定的压力才会睁大眼睛并集中注意力，尤其男孩儿更是如此。进步主义时代的两个科学家罗伯特・耶克斯（Robert Yerkes）和约翰・迪灵厄姆・多德森（John Dillingham Dodson）在 1908 年用一个经典实验描述了这个现象。他们发现，当小白鼠受到电击的时候会更有动力穿过迷宫。然而，如果电击的强度超过一定程度，就会导致小白鼠在迷宫里乱跑，无助地试着逃离。科学家用一条钟形曲线展示了峰值表现所需要的理想压力，压力超过这个程度后注意力和学习效果就会急速下降，后来人们称这个发现为耶克斯–多德森定律（Yerkes-Dodson Law）。有趣的是，心理学教授特雷西・舒尔斯（Tracey Shors）和神经学家艾米・安斯顿（Amy Arnsten）发现，雌性小白鼠和猴子在完全没有压力的时候可能表现更好。认知神经学家阿黛尔・戴蒙德（Adele Diamond）的研究发现人类女性可能也有类似的特征。

不幸的是，许多孩子说他们长期处于高压之下[2]，甚至觉得在学校受到威胁，有的是因为受到嘲笑或霸凌，有的是因为来自考试成绩或评分上的竞争压力，也有的是来自老师的压力，因为老师自己也有提升班级成绩方面的压力。这特别让人忧心，因为相比于成年人来说，孩子的大脑仍在迅速发展，因此受到长期高压的损伤更大。斯坦福大学的脑神经科学家罗伯特·萨波斯基（Robert Sapolsky）是研究压力的顶尖专家，也凑巧是科尼岛的约翰·杜威高中的校友，他的研究也证明了这一点。用萨波斯基的话说："我刚才告诉你的关于压力对成年人大脑的影响，放在 10 岁孩子的大脑上，会放大 10 倍。"

这既让人觉得伤心又让人感到讽刺：在我们希望帮助学生提高成绩，尤其在提高数学和科学方面的成绩的时候，我们其实是在为他们的失败做准备。

芝加哥大学心理学教授西恩·贝洛克（Sian Beilock）读书的头三年是在帕克走读学校上的，她的研究为此提供了一个有力例证。贝洛克在其著作《超常发挥》（*Choke*）里写道，美国有很多上幼儿园的孩子已经开始"数学焦虑"了。"我们必须在学前阶段减少孩子们的压力。"她说。作为负责任的科学家，她谨慎地不依据自己的个人经验去推论，但是她也补充说自己非常有幸可以在一个没有标准化考试的环境中度过最早的学习时光。

联结感最重要

一个多世纪以前，进步主义教育者就明白，如果学生没有承受过度的压力，那么更积极的情绪就会成为他们强大的动力。举例来说，学习大部分情况下是一种社交行为，因此师生之间、同学之间强有力的联结，对学生来说可以成为强有力的激励因素。

位于亚特兰大的美国疾病控制与预防中心已经连续几年鼓励学校增强他们的"联结感"。疾控中心对联结感的定义是学生相信同学和老师将自己作为个体来关注。该中心的研究显示，联结感可以提高学生的成绩，也能提高他们的终身健康水平。在帕克走读学校和其他的进步主义学校，我们一直力求创建一种校园文化，让孩子感到自己有价值、受尊重，也能注意到别人的心理需求，从而形成牢固的师生、同学关系。

这种做法的好处也得到了其他研究成果的支持。[3] 从 1994 年起，由美国联邦政府出资支持研究者开展了一项针对青少年的迄今规模最大、最完整的长期研究，其中他们采访了七到十二年级的 12 000 名青少年和他们的家人、同学和校领导。他们发现，在学校有牢固人际关系的学生不仅成绩更好，也更少发生旷课或霸凌同学的情况。

斯泰西 · 威尔曼（Stacey Wellman）是研究校园牢固人际关系的权威专家。凭着她的 4 个硕士学位和对最新脑科学研究的了解，她在伊利诺伊州温内特卡公立学区担任全职言语治疗师，常给家长和老师们做讲座。温内特卡也是美国唯一一个秉承进步主义教育理念的公立学区。威尔曼的核心观点是，孩子的学术和情感发展都依赖牢固的人际关系。这就是她建议老师在每学年开学的前三周集中精力来构建班级集体凝聚力的原因。

回想一下雇主在招聘时最感兴趣的特质：创造力、批判性思维和合作能力，威尔曼的建议就更有意义了。一个允许犯错的安全环境可以推动这些能力的培养。而且越早开始越好！在埃尔布的一年级教室里，天花板上挂着一条玩偶蛇，上面贴着一句标语："在这个教室里，我们不怕错误。"

威尔曼说她在自己班上努力营造这样的氛围，一部分原因是她知道有些学生，尤其低年级学生，他们还太害羞，不敢举手参加讨论。她在课上不会随机点名提问，也不会故意"逮"住某个学生提问，而是会给每人发一个题板，让学生在题板上写下自己的想法或问题，只有她能看到。"如此一来，我马上就知道班上有多少学生理解了我刚才讲的内容。"她说。给高中生上课的时候，她有时会让学生在社交软件上给她留言。这种模式比大部分传统教室有更多协同合作的空间，也让老师能实时了解他们的教学效果。

在帕克走读学校，我们总是在找平衡，既要在智力上挑战学生，也要在情感上让学生感到安全。埃尔布和一年级学生在地毯上发生的故事让我们看到，我们教给学生的表达方式也反映了这个宗旨。比如，从入校第一天开始，我们就教他们称别的同学“朋友”。我们并不认为他们全都会成为挚友，但我们想鼓励学生们形成友善待人的风气。这也是为什么在埃尔布处理一个学生没给同学让出位置的情况时，她选择了这样的句式，她问受伤的女孩：“朋友……的时候，你感觉怎么样？”

开学的第一天，每个帕克走读学校的幼儿园小朋友都会和一个六年级的大朋友结对。大孩子会带小孩子参观校园，和他们一起吃饭，在接下来的几周里和他们保持密切联系。到了寒假，六年级的哥哥姐姐们已经了解了结对的小朋友的各种有趣的信息。他们会创作一个短篇故事，主角就是他们与之结对的幼儿园孩子。他们给故事配插画，装订成书，并在寒假前的最后一天作为礼物送给结对的小朋友。

另一个让学生产生认同感的是方式是把学校的墙装饰成展示学生作品的展板。在展板上贴的那些绘画、照片、诗歌和作文，要好几个小时才能看完。

老师的问候和激励格言也占据了墙壁的一大部分。中学校长办公室的门上贴着对来访者的承诺：“我会通过问问题来试着理解你。”旁边有一张图，上面罗列了所有帕克走读学校老师的个人小细节，其坦率程度会吓到我小学时的修女老师们。图的标题为“我带着真正的自己来到帕克走读学校”。每个工作人员写上自己的名字或想用的昵称、种族、害怕的东西、梦想、喜欢的和讨厌的东西等。一位老师写到她害怕“不公平”，她“不为人知的才能”是“烤美味的红丝绒派”。另一位老师敞开心扉，说她最大的恐惧是她的孩子会搬去离家很远的地方，就像她在 1976 年离开她的父母那样。

我们也喜欢用直接的方式提醒学生要用符合道德和情感的方式来处事。六年级人文教室里贴着这样的承诺：“我会放慢节奏深呼吸，我会记得心怀感恩。”

2003 年，《圣弗朗西斯科纪事报》（*San Francisco Chronicle*）报道了在伊拉克因集束炸弹致残的 9 岁男孩萨利赫·哈拉夫在帕克走读学校的生活，称我们这个充满人性关怀的社区是他的“终极灵药”。为了把体内和脑部的弹片取出，哈拉夫在一年中动了好几次手术，期间他也获得全额奖学金并在帕克走读学校就读。在他入学前好几周，许多学生就开始和他交朋友，他们在电视上看到他的情况以后写了祝他早日康复的卡片送到医院。入学后，同学们对哈拉夫是如此热情，他在学会基本的英语之前就有了好几个至交好友。他在班上讲了他如何在他家附近的河里捉鱼，以及他在晚上看见野猪和土狼的情形。这些讲述都是先用阿拉伯语说给翻译听，翻译再译成英语讲给同学们。上次我和他联系的时候，哈拉夫已经和他的爸爸在加利福尼亚州永久居留下来，也开始了他的高中生活。每一个帕克走读学校的学生都因为那一年能够了解他而受益良多。

让孩子做回孩子

英国保守主义哲学家迈克尔·欧克肖特（Michael Oakeshott）出生于 20 世纪初，读的是进步主义小学。他写道：“好学校送给孩子的礼物是忆起童年时那种金色的满足感。童年不是一段通往更有价值生活的路上必须匆匆度过的一段时间，而是对人生秘境探索的愉悦起点，让人充满感恩。”[4] 这段话今日读来简直古雅离奇，因为社会的要求给孩子的压力在他们从幼儿园毕业时就开始了。我会在第 3 章中深入探讨竞争越发激烈的环境，在这里我要讲讲日益拥挤的教室。

我们早就知道，低师生比在许多重要的方面对孩子有益。作为教育者，我们可以看到班额越小，低年级的学生越有安全感，每个孩子所能得到的培育和关注也越多。1989 年田纳西州一项标志性的研究[5]也证明了这些益处。该研究共有来自 339 所学校的 6 500 名学生参与。研究发现班额更小的班级里师生关系更好、纪律问题更少、学生更有动力、成绩更好、退学率更低、教师的工作热情也更高。小班额甚至还影响学生的长期健康水平，因为高中毕业生比肄业生的生活习惯更健康。尽管有着强有力的证据支持这些低师生比的益处，但是低师生比仍是资金充裕的私立学校才能享受的特权，而大部分公立学校的班额随着经济的增长和衰退有时减少有时增加。

自 20 世纪 70 年代起，美国的许多州在学术研究成果的引导下投入资金降低师生比。公开数据显示，2009 年时，美国公立小学的师生比已经降低到 1 ∶ 15.5，而在私立学校则是 1 ∶ 12.1。需要说明的是，美国联邦政府的数据包括所有拥有教育资质的教职员工，比如从事特殊教育的教师，也就是说学校里的实际班额比这个数据更高。

然而，在 2009 年 6 月以后，随着经济大衰退，全美有超过 30 万个教师岗位被削减，师生比提高了 4.6%。[6]这些数据来自白宫 2012 年发表的一份报告，报告中也预测这个趋势只会进一步恶化。据我观察，确实如此。

帕克走读学校是个例外。我们始终将平均师生比保持在 1 ∶ 11。从幼儿园到三年级的班额都是 16 人，而高年级每班也从不超过 20 人。我们也知道，这是许多私立学校的特权：我们的高学费让我们有条件雇更多的教师来保持小班额。（自费上帕克走读学校的家长每年需要支付 20 000 ～ 22 000 美金的学费。）正因如此，我非常敬佩那些通过牺牲其他方面来保持低师生比的进步主义公立学校。“我们在做预算安排的时候，总是把学生放在首位。”艾拉 · 加文斯（Ayla Gavins）说。她是教会山学校备受尊重的校长，这所小规模试点公立学校位于波士顿市内城区，招收从幼儿园到八年级的学生。“我们问自己，我们的学生最需要什么？然后我们就围绕这一点开展工作。”教会山学校没有副校长，也没有全职体育教师，但是每个班的学生人数都不超过 18 名。

保持低师生比另一个尤为重要的原因是，近年来，从脑神经科学领域研究的突破成果中，我们了解到学生的学习方式千差万别。这些差别不仅包括最极端的学习差异，例如患有注意缺陷多动障碍和孤独症谱系障碍的学生，也包括相对普通的差别，例如无论什么年龄，不同的学生会对不同的信息（如图片或文字）的传递方式有不同的处理速度。

教师若要理解每个孩子的最佳学习方式，并为其提供一定程度上个性化的课程，是需要花费很多额外精力的。帕克走读学校以提供个性化教学方法而闻名，这也是为何我们的学生中被确诊为学习或行为障碍的比例近 30%，这个比例是全美平均水平的两倍。这些孩子的父母中有许多在经济上做出了巨大的牺牲，来保证孩子能有一个安全的学习场所。

作为校长，我不仅尽力了解孩子们确诊的学习障碍，也关注每个学生的常规发展，这有时让家长们颇为惊讶。

大约 10 年前，作家迈克尔·波伦（Michael Pollan）和妻子画家朱迪斯·贝尔泽（Judith Belzer）从康涅狄格州搬来加利福尼亚州，送他们的儿子艾萨克来帕克走读学校读五年级。在接下来几年中，艾萨克需要适应陌生的西海岸文化。他的性格中带着东海岸的尖刻，在六年级的时候，他和西班牙语老师起了冲突，我请波伦和贝尔泽来我的办公室谈一谈。

波伦后来告诉我，那天他以为我会狠狠地批评他们的儿子，而我却在谈话开始时首先告诉他们，考虑到艾萨克的年龄和境况，他所做的是符合预期的行为，这让他们不禁有些惊讶。我告诉他们，在艾萨克的年龄，想要逆反是很自然的，而西班牙语课对他来说是一个做出叛逆行为的安全环境。这并不意味着他的行为是合适的，也不意味着他不需要纠正错误。我们要求他向老师道歉，但是我也想让他的家长知道，帕克走读学校的政策是不把任何孩子当作坏孩子看待。

斯科特·菲茨杰拉德有这么一句名言：**“检验一流智力的标准，就是在头脑中同时存在两种相反的想法，但仍保持行动能力。”**这是我们进步主义教师的理想。我们需要不断考量和平衡我们维护制度的需求（包括教师把控课堂的需求）和孩子个体的需求。

“孩子们在学校学习的大部分内容是如何成为官僚机器中的齿轮，”艾萨克的父亲波伦最近告诉我，“如果你想做的教育比这更有趣、更复杂，那可难多了。”

当然，帕克走读学校对学生需求的高度关注也不是所有老师都表示赞同。这个价值观需要老师、家长以及校长之间充分的沟通，这样每个人的感受才能被理解和尊重。在过去的 28 年里，我开过无数次既漫长又复杂的会议，我得从多个角度考虑问题，去沟通、妥协。最终，如果我们的工作成功的话，所有的人会为了孩子得益而合作。

我得承认有一个秘密帮助我一直坚持下来。我在帕克走读学校工作期间，会在周末和晚上兼职做高中和大学的篮球比赛裁判。这个工作和我在学校“罗杰斯先生”一般的角色形成了完美的对位关系。裁判从不需要和任何人达成共识。他吹一声哨子，就那么定了。

也许，我会渴望在一个非黑即白和当机立断的世界里幸福地释放自我，获得我自己的“全人”成长吧！

Loving Learning

第 2 章

打开孩子感官：遵循兴趣，让学习在体验中发生

教育不是为生活做准备，而是生活本身。

——约翰·杜威，《我的教育信条》

感知共情

4个8岁女生站在一个巨大的纸板箱制成的人头模型面前，为我们讲解内耳在本体感觉系统中的作用：该系统帮助人们在空间中确定身体的位置。一个孩子把手伸进“人头”里，指着一卷塑料管和混凝纸介绍说，它们分别代表耳鼓和耳蜗。另一个孩子大声说：“如果你撞到别人，不是因为你笨手笨脚，可能是你的本体感觉系统出问题了！”

过去的两个月里，位于芝加哥郊区的儿童学校开展了一个关于人体感官的研究项目。听到学生用了这个项目的一句口号时，老师安吉拉·惠特克·德·雷森迪兹（Angela Whitacre de Resendiz）笑了。

在项目开始之前，雷森迪兹没有听说过本体感觉系统。但是她注意到有几个学生对同班同学为什么老会撞上桌子变得很感兴趣。他们也想知道为什么有些同学可以每天坐在特殊的豆袋椅子上，但是其他学生却不被允许。这些问题引导着他们先在图书馆中查阅相关资料，然后又上网找资料，最后发现有些人天生就有感官障碍，这种障碍影响他们的协调能力，以及对触觉、声音和光的敏感度。接下来，他们拜访了当地一位感官统合治疗师，参观了他的玩耍治疗室。家长们会帮助学生填写关于自己感官体验的问卷，里面的问题有：什么样的感官刺激会让你感到难以承受？你如何调整适应？等到学生开始设计和用纸板箱制作人头模型的时候，连雷森迪兹的丈夫都对这个项目产生了兴趣，晚上在家里问她各种关于感觉的问题。

学生惊喜地发现，事实上，人的感觉不止 5 种。于是，这一发现成了他们另一句口号："12 种，而且还在发现更多！"这些感觉包括身体在空间中移动的感觉，以及与之略微相关的平衡感。味觉其实可以分为 4 种，分别使人感受到甜味、苦味、咸味和酸味。触觉也可以分成两种：温度感和压力感。人体感觉的列表越变越长，学生也逐渐学会理解自己在不同感官能力上的优势和劣势。

在这种个性化的教学方法下，学生们充满热情地研究了高级的认知概念，同时也在非认知方面取得进步。以前担心被同学贴上"笨拙"标签的孩子变得更加放松了。全班现在都明白，当有孩子问老师能不能抱着豆袋坐的时候，说明他这天状态不好。同学们认识到动作、噪声和视觉混乱会影响他们集中注意力的程度，于是他们在班上讨论了该如何改善集体学习的习惯和氛围。全班都对学校另一个常用的口号有了新的理解："每个人都在用自己的方式努力。"

人生的功课

我在美国中西部地区参观进步主义学校的时候听说了儿童学校的内耳项目，对此，我感到无比欣喜。这个项目完美地体现了进步主义教育的三个标志性教学策略，其中每一个都始于一个多世纪前，公开发表的研究证明它们至今仍然非常有效。上述每一点在当代主流的学校中也都有不同程度的体现，而我相信它们也可以让其他数百万美国学生从中受益。

这三个策略的历史名称生僻拗口：**“生成性课程”“整合性课程”“体验式教育”**。然而，在实践中，它们很容易理解。下面我将分别简要解释它们的含义，并举例展示实践效果。

“生成性课程”是指在教学内容上回应学生的兴趣，就像雷森迪兹的学生自发地开始了关于感官的研究项目那样。今天，你更常听到人们用其他的名字描述这种教学方法，比如“探究性学习”，但是背后的逻辑是一样的：学生在对内容感兴趣的时候更有动力学习。

“整合性课程”的教学法主张用主题来组织孩子的学习，而不是把学习的内容拆分成诸如数学、英语和科学这样的独立学科。因此，雷森迪兹的学生在学习内耳运作方式时学到了人体生理学，在设计制作等比例的感官系统模型时运用了数学，同时在撰写关于项目的论文时练习了写作能力。相比于彼此独立的按学科学习，这样的方式让每个学科都更有意义。

“体验式学习”现在常被称为“项目式学习”。顾名思义，就是在做中学。老师不会让学生把头埋在课本里，而是让他们离开椅子，动起手来，和其他人一起完成一个目标导向的任务，比如用纸板箱制作一个巨大的人头模型。

杜威和他的教育改革同道者们明确支持把这三个进步主义教育的核心策略结合到一起。他们认为：**如果学校想要变得更有意义、更有动力、更有效，**

就必须使它更像现实生活。杜威指出，孩子们天生就想要模仿成年人，他们的学习与现实世界里有意义的成人活动联系越紧密，他们参与时就越有热情。

是不是觉得这一观点合情合理？那你得回想一下，这种世界观出现时，它与黑幕揭发者约瑟夫·迈尔·赖斯描述的沉闷学校所代表的世界观形成了多么巨大的反差。在赖斯参观的一间位于纽约的教室里，学生们在课堂上连头都不能转。“老师在前面，他们为什么要向后看？”他们的校长理直气壮地说。[1]

进步主义教育改革者明白，如此严苛的束缚会扼杀孩子们对学习天生的热爱。因此，他们将学生从课桌中解放出来，同时改造了他们的教室，增加了乐器、锤子、锯子以及戏服。他们的现代继承者们继续在学校强调这种原始的生命体验。比如，在弗吉尼亚州亚历山大有一所占地约 0.1 平方千米、四周树木繁茂的勃艮第农场乡村走读学校，招收从幼儿园到八年级的学生。勃艮第农场乡村走读学校的学生每年两次在附近的海湾露营，沉浸式地学习科学和了解野生动物。威廉·T. 谢尔曼学校位于曼哈顿上西区公立 87 学区，招收幼儿园至五年级的学生，他们的一年级学生在教室里办了一个餐厅，自己编制菜单，准备食物，并招待他们的父母。

生成性课程：跟着孩子走

黛博拉·迈耶（Deborah Meier）会让杜威感到自豪。1987 年，她成为第一位获得麦克阿瑟奖（又称“天才奖”）的教育家，以表彰她在纽约东哈莱姆区为贫困学生创办的小型却成功的进步主义公立学校网络。82 岁高龄的她，在过去半个世纪里担任过教师、校长、作家、博主和公共演讲家，直到今天，她的行程安排和她的想象力一样丰富多彩。

迈耶经常谈到，有经验的教师能跟随着孩子的好奇心不断调整自己的方向。她告诉我，几年前她带着一小群上幼儿园的孩子去纽约中央公园郊游时，发现自己花了一个小时带着孩子激烈地辩论石头是否是活的。这群孩子正在上的课程要求他们把在自然环境中发现的东西分成“有生命的”和“无生命的”。迈耶温和地建议一个小男孩把捡的石头放进标着“无生命”的纸板箱里，但是孩子坚定地拒绝了。

“他提醒我，我上周才说过，中央公园里的石头是从遥远的北极冰川跑到这里来的。”迈耶向他解释并承认自己选用的词语可能对他造成了误导。

男孩继续推想：石头可以生宝宝，因为它们会碎成更小的石头。他很快说服了其他孩子接受他的想法，以至于迈耶觉得她必须搁置下午的其他计划，让大家可以平静地继续讨论。“孩子需要我们严肃地考虑他们的想法。”她说，“他们有自己的想法，而我们经常认为这些想法可爱但愚蠢，就试图纠正他们。但民主的根基是人们严肃地考虑彼此的观点，并有信心寻找证据来支持这些观点。我们应该尽早开始，因为这是让人成为受过教育的好公民的核心预备工作。”

这种风格的教育也更符合人类的学习方式。波士顿学院的发展心理学教授彼得·格雷（Peter Gray）写了一本名为《会玩的孩子更会学》（*Free to Learn*）的书。他认为，幼儿有一种与生俱来的学习动力，却往往被强加给他们的课程所扼杀。**“我们在告诉孩子们，他的问题不重要，只有课程中提出的问题才重要。这样的学习方式不符合自然选择对人类的塑造。人类进化的目的是要我们在现实生活中了解事物，解决问题。**”格雷说。[2]

迈耶为了努力做到知行合一，就给她认识的一位洛克菲勒大学的生物化学家打电话，咨询他对“活石”辩论的看法。虽然这位生物化学家最终站在迈耶这一边，同意石头并没有生命，但他承认两者间有些边界确实非常微妙，也很钦佩学生的推理方法。“告诉你的学生们，”他鼓励迈耶说，“他们正站在现代科学的最前沿。”

孩子们并非生来就是一张白纸，等着被聪明的成年人的知识填满，他们带着已经存在的驱动力和等待发掘的好奇心来到世界上。他们的教育者需要尊重这种驱动力和好奇心。这个观点让我们回想起卢梭的《爱弥儿》，甚至可以沿着历史往前追溯：苏格拉底就曾指出“好奇是智慧的开端”。然而，这似乎是我们需要一遍遍重新学习的功课。2000 年，美国国家研究委员会发表了里程碑式的报告《人们如何学习》（*How People Learn*），其中宣称：“现有的模型必须被取代，不能再把儿童理解为等待被教师的知识填充的空容器。”[3]

事实上，这份开创性的报告中阐述了三个主要发现，第一个就是，学生们来到学校时已经带着对世界的先入之见。“如果我们不去联系他们之前的理解，他们就可能无法掌握学校教给他们的新概念和信息，又或者他们可能为了考试而学会了这些概念，但在课堂之外又恢复了他们的先入之见。”因此，报告的作者们强调：“教师必须积极探究学生的想法，相应地创造课堂任务和条件，让学生的想法得以展现。”

这一直是帕克走读学校的首要目标之一，过去 37 年来始终如此。这也是每次我听到有人称这种方法具有开创性时都会感到困惑的原因。我在《连线》（*Wired*）杂志上读到一篇文章，题为《用一种颠覆性的新教学方法把下一代人变成天才》（*How a Radical New Teaching Method Could Unleash a Generation of Geniuses*）[4]，文章赞美了知名教育研究者和 2013 年 TED 大奖（TED Prize）得主苏伽特・米特拉（Sugata Mitra），称他的革命性想法让一群 10 ～ 14 岁的孩子能够无拘束地自主学习科学。文章作者热情地写道：“新一代的教育工作者……正在发明全新的方式让孩子们学习、进步和茁壮成长。对他们来说，知识不是教师传给学生的消费品，而是学生被好奇心激发后探索的产物。教师提供提示，而不是答案，然后就退到一旁，让学生可以自主学习和互相学习。”

这篇文章忽略了一个事实：进步主义教育者在一个多世纪前就发现了这种教学方法的优点。不过，至少文章认识到满足当今经济需求的教育是什么样的。很明显，如果我们真的想鼓励孩子成为批判性思考者、问题解决者和合作者，我们必须尽早给他们机会练习这些技能。如果我们希望通过刺激创新来保持经济的繁荣，我们必须找到方法解放学生，让他们自由地追寻自己最奔放的想法。

美国进步主义教育协会的创始人对于如何实现这些目标早已深思熟虑。1919 年 4 月，他们在华盛顿特区召开了第一次会议，与会者包括一些学校的创始人和自由改革者：玛丽埃塔·约翰逊、后来的作家斯坦伍德·科布（Stanwood Cobb）和华盛顿蒙台梭利学校的校长安妮·E. 乔治（Anne E. George），她也是杜威学派进步教育理念的拥护者。到会议举办时，他们已经按照与传统学校迥异的方式办学好几年了。他们给了孩子们前所未有的自由去追求自己的兴趣，按照自己的节奏学习，在空闲时间和游戏中探索自己的世界。他们已经知道这样的方法行之有效。他们的基础原则中最重要的是以下三个：**把学生从“任意专断的法则”中解放出来，允许他们“发挥主动性和自我表达”；“兴趣”应该激励他们所有的工作；教师的角色是“向导”而不是“监工”。**[5]

这三个原则抓住了进步主义教育运动的灵魂，也是进步主义教育一直以来与主流的教育方法不同的原因。1919 年会议中对这三个原则的表述也证明了进步主义教育者们早在福特 T 型车的时代就已经提出了许多当今所谓的“颠覆性的新教学方法”。

玩耍才是正经事

你可能也明白，让孩子们追求自己的兴趣最纯粹的例子就是玩耍。很大程度也是因为这个原因，近年来玩耍已成为教育界的热门话题。但让教育者烦恼的是，不仅在上学期间，而且在儿童的整个生活中，玩耍的占比都在日渐缩小。

神经学家认为，无论对成人还是儿童来说，玩耍都是快乐学习的一种方式[6]：**它能够增强社交和认知能力，提高解决问题的能力、创造力、抽象思维和协作能力。**他们警告说，限制玩耍只会让我们自食恶果。加州大学伯克利分校的心理学教授艾莉森·高普尼克（Alison Gopnik）①也是《孩子如何学习》（*The Scientist in the Crib*）一书的合著者，她表示，减少玩耍的时间会降低孩子的适应能力。高普尼克指出，当计算机科学家制造机器人时，他们故意不为每一个动作都写出控制程序，这样一来，机器人会变得更加灵活，并且可以从错误中学习。

我探访进步主义学校时会与许多教育工作者交谈。尽管听起来好像有点讽刺，但他们是如此担心儿童生活中自发性减少的问题，以至于他们试图将玩耍制度化。在帕克走读学校，埃尔布在几年前注意到许多年幼的孩子从未玩过积木，刚开始拿到积木的时候也完全不知所措。这让她非常沮丧，于是她在一年级班里宣布设立“强制性积木日”。“起初，他们只想堆一些取材于他们玩的电子游戏中的造型。”她说。和我认识的许多老师一样，埃尔布担心电子产品的普及正在侵蚀孩子们的自发性和专注力。更轻松的玩耍形式是她眼中的解药，同时也是她心目中训练孩子们的小手和想象力的机会。

本着类似的精神，在马萨诸塞州阿默斯特公共学校里，学生们每天来到学校的第一个小时都是自由选择时间，他们称之为“飞翔”。在这段时间里，

---

① 艾莉森·高普尼克为牛津大学心理学博士，她推翻了经典的“白板说”，还是心理理论的创立者之一。其著作《孩子如何学习》中文简体字版已由湛庐文化引进、浙江人民出版社于2019年出版。——编者注

他们可以选择学习或玩耍，但无论哪种方式，他们都在练习安排时间的技巧。学生可以自由拜访学校的任何教室，一些五年级学生会去找他们的一年级“伙伴”，在教室地毯上读书给他们听，还有人可能会在美术教室做一个项目。教师可以利用这段时间与同事开会，或给有需要的学生做单独辅导，讲解一些技能或概念。这所学校内部联结紧密，氛围轻松，“飞翔”时间更是其一大特色。

我和其他学校的校长一样，在家长担心孩子在学校玩得太开心的时候，经常要向他们解释玩的实用益处。坦率地说，我担心孩子们玩得还不够尽兴。如果孩子从小就学会享受学习，长大后就更容易成为终身学习者。按照同样的思路，美术和音乐教育所带来的对快乐和自发性的体验，也是吸引孩子学习的有力方式。遗憾的是，许多公立学校大幅削减了这些机会。这种做法带来的打击是双重的：一方面，对更高考试分数的要求，让死记硬背之外的任何事情都只能在有限的时间内进行；另一方面，各州在经济大萧条之前就开始削减教育预算，一次比一次严重，导致美术和音乐教师被大量裁员。毫不奇怪，受削减打击最严重的是那些最脆弱的学校。相对富裕地区的家庭经常会通过筹集和捐赠资金来拯救他们学校的美术和音乐课程，但低收入城市的学校通常没有这样的备用方案。

2013 年，美国预算和政策优先中心发现，自经济衰退以来，服务超过 95% 的美国学龄儿童的学校受到经费削减的影响，因此，大多数服务低收入家庭孩子的学校减少或取消了美术和音乐课程。更糟糕的是，研究人员发现，正是这些学生从学校的美术和音乐课程中受益最多[7]，主要是因为他们的家庭不像富裕同学的家庭那样资源丰富，无法自己出钱送孩子上这些课。美国国家基金会的一项研究发现，艺术学分很少或没有艺术学分的低收入家庭的高中学生，相比于艺术学分较高的低收入家庭的学生辍学率要高 5 倍。其他研究发现，对那些游离于校园之外的学生来说，艺术教育可以成为一股强大的动力，让他们留在学校，帮他们找到自己隐藏的才能，从而建立信心，融入社交圈。此外，艺术教育还可以提高考试成绩。一项研究发现，在高中学习了 4 年美术和音乐课程的学生比只学习了半年或更短时间的学生在 SAT 考试上的分数高出 91 分。[8]

在进步主义教育家对美国死板的教育状况发起挑战之前，艺术教育在美国学校几乎不存在。但早期的改革者投入了很多努力，使美育成为学生生活的重要组成部分，这种做法一直延续到今天。走进任意一所进步主义学校，你都会立即被艺术包围，从生动的壁画、真人大小的纸浆雕塑，到街舞表演，再到古典音乐独奏会、芭蕾舞表演。这类学校的一个标志是每个公共空间都展示着孩子们的艺术作品，甚至从灯具和屋梁上悬挂下来。教师利用一切机会让学生在开展学业项目的同时，也进行绘画、写诗、搭建模型和创作音乐等活动。

丰富的艺术活动绝不是那些最富有的私立学校的专属特权。例如，波士顿的教会山学校通过明确排列优先级和巧妙的预算管理，得以保留一名全职音乐教师，为所有的学生提供器乐和声乐课程。在帕萨迪纳的奥德赛特许学校，教职员工积极寻找资助基金，募集捐款，并招募家长志愿者，以确保孩子们随时有机会参加各种艺术实践活动，例如艺术家访校、参访博物馆、听音乐会等。

整合课程：连点成线

为了让学校变得更有意义、更有吸引力，进步主义教育者认为学生不应再孤立地学习科目，先上 1 小时数学，然后上 1 小时英语，再上 1 小时科学，诸如此类。当记者兼儿科医生约瑟夫 · 迈尔 · 赖斯在 20 世纪初参观进步主义学校时，就对老师们尝试围绕主题呈现教学内容的教学方式赞叹不已。他认为，这种教学方式赋予每个科目更多的意义，因为它让学生可以看到每个科目和其他科目之间的关系。

跨学科学习从根本上让学校变得更贴近生活。正如我的朋友、进步主义教育网络的董事会成员莫琳·奇弗（Maureen Cheever）所说："当我去散步时，我不会想'接下来的 40 分钟里我只会思考数学'。"跨学科教学是进步主义教师几十年来一直遵循的方法，它也和其他进步主义教学法一样，被现代研究人员不厌其烦地反复研究，这些研究印证了其价值。事实上，美国国家研究委员会报告中的三项主要发现中的第二项指出，学生需要"在概念框架的背景下理解事实和观点"。科学家们认为，这有助于学生更快地学习信息，并将他们学到的知识迁移到新的环境中。

30 多年前，在我本人的教学生涯中，我经常通过画一张网状图来备课。我会把要研究的主题，比如循环系统，放在中间，然后画线连接不同科目，比如科学、数学、英语和艺术。从那以后的几十年里，帕克走读学校的课程逐渐升级。今天，我们有制定好的课程方案，它们已经经过了时间的检验，可以从多个角度吸引孩子们学习各个科目。

例如，在五年级，学生以研究小组的形式学习水域方面的知识，探究诸如"小溪是如何形成的"等常见问题，并在研究中使用科学、数学和写作技能。这些小组会到附近的一条小溪进行一系列实地考察，定期测量水位并计算流速。然后，他们把所学的知识写成博客，并准备一个多媒体的展示。

一个更深入的例子来自琼·怀特-阿尔贝蒂尼（Joan Wright-Albertini）。[9] 她每年都会带着一年级学生做关于生态系统的项目。这位独具一格的老师会根据每一届孩子们的兴趣，把她的教室变成沙漠、雨林或月球景观。

在 2010 年墨西哥湾漏油事件发生后不久，琼的学生决定建造一个水下森林，在里面装满了铝箔制成的闪闪发光的鱼，还有一只混凝纸做的巨型章鱼，下面挂着飘带纸做的腿。学生们研究了海洋生物学，并以此为主题写了作文，然后戴着潜水镜，背上用纸板自制的氧气瓶，向家长和其他班级的同学介绍他们建造的水下奇境。然而，那一年，就像过去15年每次教这个项目时一样，琼给学生们安排了一个反转剧情。前一天，学生们还骄傲地做着教室导览员，第二天一早，他们到学校后发现教室门口拉着一条警戒带，教室的地板上丢满了皱巴巴的巨大黑色麻袋。“发生了一起石油泄漏事故！”老师告诉他们，然后将他们带到另一间教室。在那里，她向学生们播放了石油泄漏的视频，让他们了解这样的灾难会如何伤害他们精心制作的每一种鱼、鸟和其他动物。一个小女孩说，这次经历让她的心“碎成了两半”。但琼没有就此止步。“给一年级学生这么上课容易引发争议，因为这对他们来说是巨大的情感打击。”她承认，“因此下一个环节特别重要：他们需要知道，他们可以帮忙带来改变。”孩子们会戴上园艺手套并穿上模拟防护服，充满激情地“清理”他们的教室。正如琼回忆的那样，在他们眼里，海洋开始变成“自己的”，他们渴望保护它。

一些进步主义学校将主题学习做到了极致，令人印象极为深刻。在加利福尼亚州范奈斯的儿童社区学校，五年级和六年级的学生通过“创造”一座岛屿来学习岛屿文化。首先，他们从地质、地理、资源和人口统计方面对其进行描述。在美术老师的帮助下，他们在大块胶合木板上制作3D等比例的岛屿地图。他们还要撰写有关他们岛屿历史的书籍，并用油毡版画为书绘制插画。

接下来，他们学习夏威夷文化，从了解夏威夷神话和食物，到学如何跳草裙舞和弹奏尤克里里，主题范围很广。这个项目的高潮是为期5天的夏威夷实地考察。学生们提前几个月就开始积极筹集资金，以支付所有旅行费用。在夏威夷期间，他们学习地质、生态和文化，还在游览海滩的活动中了解了一个保护海龟的项目。

让教育贴近现实生活

如果要让学校更贴近现实生活，就没有什么比给学生一个真实的工作更有效了。帕特尼学校就是这么做的。这所私立寄宿学校占地约 2 平方千米，靠近佛蒙特州布拉特尔伯勒镇，高中生在那里经营奶牛场。农场的所有工作都由学生负责，包括照顾 30 头奶牛、种植蔬菜作物以及在当地市场出售多余的农产品。卡米丽塔·亨顿（Carmelita Hinton）于 1935 年创办了这所学校，她的愿景是使其成为一所“更真实、更不以自我为中心的学校”，帕特尼学校至今仍坚持着同样的愿景。在帕特尼学校，无论是在小牛受感染的乳房上涂抗生素药膏，收割西蓝花，还是在陶轮上拉坯，学生们都不断地用双手劳作。老师希望他们像负责任的年轻人一样行事，一边上着高要求的文化和艺术课程，一边兼顾生产任务。如果他们不能完成分配给他们的农活，他们可能会受到处分，甚至被开除。

帕特尼学校的农场形象地展现了 20 世纪进步主义教育改革者所说的“体验式教育”和 21 世纪的教育改革者所说的“项目式学习”。这一策略的最早倡导者之一是哥伦比亚大学师范学院教授威廉·赫德·克伯屈（William Heard Kilpatrick），他也是 1918 年发表的《项目教学法》（*The Project Method*）的作者。受到了杜威和爱德华·桑代克（Edward Thorndike）启发，后者是研究人类动机和学习的著名专家，克伯屈提出了一个在当时被认为非常新颖的观念：要想让学生学得好，他们需要的是动力而非恐惧。

然而，在理论要付诸实践时，早期教育改革者中少有人比温内特卡镇督学沃什伯恩更有创造力。为了教一年级学生理解邮政系统，沃什伯恩办了一所学校邮局。四年级学生学习天文学的时候，他们用望远镜观察夜空，沃什伯恩在学校体育馆中建造了一个等比例的太阳系模型。沃什伯恩还组织了“学生公司”，为学生提供与职场直接相关的实践经验。孩子们可以培育鸡、兔子和仓鼠出售，在学校食堂工作以换取免费午餐，甚至可以在学生信用合作社里申请贷款。

直到现代，项目式学习都是进步主义教育者对教育界最有影响力和最持久的馈赠之一。大量研究证实，项目式学习可以激发学习动机，帮助学生记住所学知识。例如，一个常被引用的研究[10]，对比了两所英国中学，一所使用项目式学习，另一所坚持用讲授法教学。研究发现，当学生在测试中遇到需要借助分析能力的数学问题时，他们在理解程度和成绩上有巨大的差异。在全美数学考试中，实行项目式学习的学校的学生成绩优异的人数是另一所传统学校的 3 倍。其他研究人员发现，精心设计的、解决现实世界问题的项目有助于培养 21 世纪人才所需的核心素质：沟通力、协作力、批判性思维和创造力。它的效果如此之好，一些教育工作者甚至说，项目式学习将是帮助美国学生适应《共同核心州立标准》并取得优异成绩的关键。[11]

事实上，项目式学习的好处已经被广泛认可。大部分传统学校都尝试过以这样或那样的方式将它们融入教学中。尽管如此，遗憾的是，他们的许多项目没什么想象力，只是让学生做个团队报告，加上立体模型或其他视觉辅助工具，花费了许多时间却意义不大。

进步主义学校的目标更高。宾夕法尼亚州康舍霍肯的米昆学校是一所私立学校，于 1932 年由一群家长创立。学校最近实施的一个项目是让幼儿园的幼儿来管理一个新建的金鱼池。鱼池带来了许多感官乐趣，比如水流过手上的凉爽感觉和鱼身上明亮闪烁的光。孩子很自然地被这种感观上的愉悦所吸引，也很愿意接受挑战来把鱼养活。问题自然而然地生发出来：当池塘被冰覆盖时，鱼是如何呼吸的？不同季节里鱼需要多久喂一次？孩子们提出了一个规则清单，包括：要保持池塘清洁，不要随意往里面扔东西，不要踩到周围的植物。在冬天，他们的清单包括以下禁令：不要敲冰，否则鱼会死；

保证有通风孔，让鱼可以呼吸新鲜空气。到项目结束时，孩子们对生态系统和生态保护有了直观认识，这种影响对他们来说可能会持续一生。

在帕克走读学校，我们的项目总是与学习内容密切相关。我们的一年级学生通常会完成一个为期数周的桥梁项目，学生会实地考察湾区的桥梁并做报告，也会访问奥克兰技术高中的工程学部，然后讨论在那里进行的桥梁建设比赛。这个项目的高潮是学生设计和建造自己的桥梁，所用的材料范围很广，从方糖到纸板再到毛根扭扭棒。最后，全班一起做项目，在校园内的 4 棵树之间，用回收的消防水带来建造一座桥。这个项目考查了学生对新学的物理学和工程学概念——比如压缩、张力、活载荷和恒载荷等的掌握程度。

成功的教学项目往往包括一个“框架问题”或目标，这会给学生强烈的目的感。在帕克走读学校，五年级学生会研究北卡罗来纳州海岸的罗阿诺克岛上早期美国殖民者与阿冈昆原住居民之间的关系。莱斯利·贝尔（Lesley Bell）和亚历克斯·凯恩（Alex Kane）两位老师鼓励学生去想象，如果他们是其中一方的负责人，会如何处理两方之间的冲突。学生们沉浸在引人入胜的故事中，阅读历史，学习制作当时的手工艺品，表演短剧，其中有的学生扮演定居者、有的扮演美洲原住民。

项目式学习方法甚至常常能激励对学习最漠不关心的学生。温内特卡公立学区的人际关系专家斯泰西·威尔曼讲了一个高中生的故事，这个学生对阅读《了不起的盖茨比》完全不感兴趣，并且面临英语不及格的危险。然后，她的老师允许她通过设计角色可能会穿的衣服来阅读这本书。当她找到了其他理由而非只为了考试成绩去读菲茨杰拉德这部小说之时，她的分数迅速提升了。

让学生负责真正有意义的项目，无论是照顾奶牛或金鱼，还是试图弄清楚早期的美国殖民者为什么会和原住民打仗，都会让他们产生强大的心理力量。其中一个重要原因是，这些项目传达给孩子们一个信息：成年人对他们有很高的期望。正如研究人员发现的那样，这往往是一种自我应验的预测。1964 年，在一个针对所谓皮格马利翁效应的经典研究中[12]，心理学家罗伯特·罗森塔尔（Robert Rosenthal）告诉一群小学教师，智力测试的结果显示这些学生未来在学业上会取得巨大进步，而其他学生则不会。实际上学生是随机选择的，但老师们深受这一预测的影响，对学生的态度随着时间的推移而发生了变化。果然，那些当初被认定会取得进步的学生后来的智商分数提升得比他们同学的多。

同样，帕特尼学校让学生们照顾奶牛。学校高度信任他们会勇于担责，而他们也几乎总能不负众望。帕特尼学校校长埃米莉·琼斯（Emily Jones）告诉我，这些孩子面临的最大挑战是，当他们上大学时，碰到相对不那么独立和适应力弱的同学，会感到有些疏远。

一天都不轻松

如果我每次听到或读到进步主义教育被称为“放任纵容”“松松垮垮”“花哨无用”的时候都能赚 5 分钱，我攒下的钱都够买克雷明写的《进步主义教育运动史》的第一版了。（我已经眼馋这本旧书 20 年了。）提出这些批评的人根本不懂行。杜威和他的追随者设立了极高的标准，如果按照真正的进步主义传统进行教学，对学生和教师的要求比传统方法要高得多。

和许多教师年复一年地照本宣科，并重复教同一个成功的项目不同，进步主义教育者必须仔细和耐心地倾听，直到他们感知到学生真正的兴趣，然后随时准备调整方向。就像雷森迪兹老师，因为学生的兴趣，临时设计了内耳项目。老师们从头开始设计项目，一边教一边改进，根据学生的兴趣、优势和挑战不断进行调整。我访问过的进步主义学校也有一些从三、四年级起就放弃了这种回应儿童兴趣的做法，这一点让我失望，但并不意外，因为要完成政府规定的课程就是会带来这样的影响。学校整体上都越来越关注如何规避风险，采用这种自发的教学方法确实可能会徒劳无功。然而，权衡起来，它能鼓励孩子们在他们的余生中热爱学习，为此我觉得冒一点风险也值得。此中诀窍是，老师要巧妙地把对基础知识的传授与自发性和兴趣结合在一起，让孩子们对掌握数学、英语、历史和科学充满信心。在访问 45 所进步主义学校时，我看到老师们总能成功地做到这一点，这一直让我赞叹不已。

雷森迪兹是从更传统的教育环境转到儿童学校教书的。她承认在进步主义学校的第一年，她觉得非常害怕。她说："我以前有一个非常严格的课程安排，但是关上门我可以偷偷地变通。而现在门完全开着，却没有白纸黑字告诉我需要覆盖什么知识点。没有人告诉我星期二需要学习这些词汇，或者任何类似的东西。在我以前工作的学校，如果学生没有学会他们应该学会的 5 个知识点，归根结底，责任在他们身上，但在这里，责任在我。我需要了解学生是谁，而不是像以前，学生要按照老师说的做。"

雷森迪兹承认，进步主义教育当然挑战性更大，但也更有趣。她说："自从我在这里教书以来，我开始在家里动手做东西，我的孩子们也做各种东西。我还开始画画。我重新燃起了对世界的好奇。我总是收到家长的电子邮件向我提出的各种项目建议，这些建议也许是他们在广播中听到的点子，对此我们全家都很兴奋。这种兴奋会传染，让你陷入其中。也许这听起来很矫情。不过，我的丈夫现在对本体感觉系统的了解比我都深。"

Loving Learning

第3章

一起围个魔法圈：打造以“关系”为核心的学习社区

教育的首要关注点是品格。学校应该是一个模范的家庭、完整的社区、民主的摇篮。

——弗朗西斯·W. 帕克

结对子制度

山姆·鲁特（Sam Rueter）是马萨诸塞州坎布里奇友谊学校的八年级学生，业余爱好是写诗和打篮球，现在他有机会尝试担任一本新文学杂志的编辑。在一个小组项目中，鲁特在英语课上的同学们开始着手办一本单期杂志，名为《这不是演习》（*This is Not a Drill*）。他们的老师告诉他们，筹备、投稿征集和编辑的工作都由学生全权负责。老师还鼓励他们到四年级至八年级的学生那里征稿。然而，令老师惊讶的是，新上任的编辑决定允许所有年级的学生投稿，甚至连幼儿园的小朋友都包括在内。他们热情洋溢地做了这个决定，尽管他们也知道这意味着更大的工作量。他们不仅会收到大量的稿件，而且必须花额外的时间来帮助年幼的孩子修改润色。在这所学校，所有的七、八年级学生都有一个和他们结对子的幼儿园小朋友。他们常常一起共度时光。“我们都曾是‘结对导师’，”鲁特解释说，“所以大家都想着与他们结对子的小朋友。我特别喜欢自己七年级时结对子的一个小朋友，他激励我成为夏令营的辅导员。他为我打开一扇门，让我明白自己喜欢照顾孩子。所以我当然想知道与我结对子的小朋友会为杂志写什么。”

45 名学生提交了稿件，这意味着编辑们需要拿出下午和晚上的好几个小时，与充满期待的年轻作者一起工作。在老师们眼中，大孩子们很明确他们所做的事正在产生积极的影响，不仅影响了稿件被选中的学生，更影响了学校的精神氛围。

“刚开始时，教职员工对选稿过程有点担心，”校长彼得·索莫（Peter Sommer）回忆道，“但是孩子们真的很了不起。他们联系了每一个投稿的学生，就他们的稿件提供反馈。真正的文学期刊可不见得会做这么多。”

我们是一家人

学生们做出慷慨的决定绝非偶然之举。这所私立学校以隐性和显性的多种方式，鼓励学生将自己视为一个博爱集体的一分子。这种精神，既来自 1961 年创立学校的贵格会教派，也来自 60 年前重新构想美国教育的进步主义教育改革者，一直在坎布里奇友谊学校延续到现在。“我们是进步主义学校，提到这点就让我自豪，”索莫说，“对我来说，进步主义不仅是全人教育的理念，更意味着为创造更美好的社会做出贡献。”

值得重申的是，这种办学方式绝不仅仅是善良和富有同情心的，也是灵活且有效的。有证据表明，建立一个强有力的学习社区绝不是随随便便就能做到，而是需要脚踏实地。我确信有一天，一些有远见卓识的经济学家会计算出在经营学习社区上的投入能够减少多少在高中辍学、没有工作或心理健康存在问题的学生身上的花费，从而证明我们的工作创造了多少经济价值。

还记得我提到过的 1994 年由美国联邦政府出资的研究吗？其结果表明：与同学、老师有情感联系的学生更少旷课或霸凌同学，在学业上表现更好。这项联邦追踪研究项目还只是一个例子而已。大量研究证明了强有力的学习社区对中小学生产生的价值，它不仅能改善学生在校的状态，而且能提高学业成绩。家长和老师都非常清楚，这个阶段的孩子更容易受到同龄人而非成年人的影响。因此，一个强有力的学习社区是塑造学生品格的熔炉。教师和校长为创建这样的社区投入的精力每天都会为学校带来回报，而它给学生带来的好处更可能会伴随他们一生。

近几十年来美国的学校一直被学生的纪律和学习状态问题所困扰。对校园霸凌和其他违纪行为的举报越来越多，于是许多学校发起了“零容忍”运动。这让创建学习社区这项工作显得更加紧迫。

加州大学洛杉矶分校的研究人员称，相比 1972—1973 学年，2009—2010 学年被停学或开除的高中生人数增加了大约 40%。[1] 然而，总体而言，这些严厉的惩罚措施增加了受到法律惩罚的孩子的人数，却并未使课堂管理变得更容易。相比之下，非裔美国学生所受的惩罚力度远比白人学生更大。

建设学习社区除了可以避免不良后果之外，还可以培养学生一些备受推崇的个人能力，例如沟通力、协作力和领导力，它们常被称为 21 世纪人才的核心素质。我们的进步主义教育前辈早在 20 世纪就对此了如指掌。《哈佛商业评论》（*Harvard Business Review*）最近发表了一篇长文[2]，盛赞合作的艺术，字里行间透露出这是一个全新的观念，我不禁笑了，因为这篇文章可能是进步主义学校的创始人卡罗琳·普拉特写的。

帕克和杜威都用了“雏形社区”这个令人玩味的词语来描述他们对学校连接性的理想。对我来说，这个词同时传达了两个愿望：学校可以像父母一样照料孩子，也可以成为一种利他社会的雏形。这种雏形有朝一日可以在更大范围内被复制。毕竟，进步主义教育者都是非常乐观的！

在伊利诺伊州的温内特卡公立学区，督学沃什伯恩战略性地设计了需要“合作性思维和工作”的课堂项目。沃什伯恩经常说，他的目标是在儿童中培养“社会意识”[3]，让他们可以学会“将自己的善行融入社会的进步中去……这是品格的一个基本维度”。

学习社区建设者的工具箱

我在拜访美国各地的进步主义学校时，因教育工作者继承了传统的工作而深受启发。他们致力于建立紧密联结的社区，让孩子们在其中学习如何成为合作者和领导者。让我一次又一次惊叹的是，这些成果直接来源于早年孩子们共同在教室地毯上建立的基础。地毯构建了充满信任、舒适的空间，让学生可以表达自己的感受，解决冲突，并把自己看作班级这个大家庭的一分子，朝着相互支持的目标努力。

回到帕克走读学校，我们的三年级老师莫娜·哈拉比（Mona Halaby）写了一本关于这个主题的书，叫作《归属感》(*Belonging*)。书里讲述了学生如果对班级中同学间的冲突感到担心时，她会鼓励他们将自己的想法写在一个秘密的本子上。每周快结束时，全班同学聚在地毯上，地毯给了他们一个默契的信号，告诉他们可以放下包袱，放下戒备。然后，哈拉比会读出上一周学生写下的笔记，请全班一起出主意，一次解决一个问题。她说，通常只需要几周时间，学生就能学会全班合作一起解决他们的冲突。

在范奈斯的儿童社区学校，类似的策略被称为“魔法圆圈”。校长尼尔·莱特森（Neal Wrightson）是这样解释的："当两个孩子发生冲突时，我们不会马上默认只有他们两个才需要解决问题。……很多时候，问题会被带到全班面前，不是说由全班的学生来裁决，而是邀请其他学生帮助这两人解决问题。这里的重点是，如果你在这个社区里，那么你对这里出现的任何问题都负有一定的责任，哪怕你与具体发生的这件事或这个问题没有直接关系。我再强调一次，我认为在很大程度上作为民主社会的一员就该是这样的。"

莱特森把他的学生受到的解决问题的训练与首都华盛顿目前的政治僵局做了对比。他说："人们总说'要么听我的，要么走开'。一个人只有经过练习才有能力说'我相信应该这样做，但我在这里愿意做出妥协，因为我们必须把事做成'。"

学校会以多种不同的方式鼓励学生这样练习。帕克走读学校以及我参观的其他几所进步主义学校，每个学期结束时都会正式地评估学生的社交和情感发展，以及与他人融洽合作的能力，就像评估他们的学业进步和成绩一样。

在温尼特卡学区的哈伯德·伍兹小学，分成几个小群的一至四年级学生和两名教师会连续几年作为一个"家庭"，以更好地建立关系和培养解决冲突的能力。

稳妥的仪式有助于加强社区联系。在这里，我敦促校长们跳出传统的全校大会或精神日的形式来思考这个问题，即便有些人可能不想像我一样大张旗鼓。在帕克走读学校，每年感恩节假期的前一天，孩子们都需要彻底打扫教室，为特殊访客日做准备。然后，我会精心装扮成魔术师，或者大兔子，甚至有一年我装扮成修女，在教室里进行我的"白手套检查"。我用手指划过窗台和书桌，嘴里用假声发出"啧啧"的赞许，直到我的手套变灰，但我也会夸奖孩子们的努力。孩子们每次都玩得非常开心，不会去抱怨干活。

进步主义学校不羞于反复提醒学生他们彼此是联系在一起的。在波士顿的教会山学校，一位老师将每个学生的照片贴出来，旁边贴上他们的期望和梦想列表，然后将列表中内容匹配的孩子之间系上绿色的绳子。和许多其他进步主义学校一样，教会山学校也张贴了励志海报来提醒孩子他们有共同的目标。其中之一是由迈耶提出的“思维的 5 个习惯”[4]，海报上列举了每个学生应该努力培养的关键智力技能。5 个关键词分别指出学生在学习新事物时应该问自己的问题。它们是：**重要性（为什么这很重要？）、视角（这是从哪个角度去看的？）、证据（怎么知道这是真的？）、联系（这有什么相关性？）和假设（如果这个改变了会怎么样？）**。“思维的 5 个习惯”海报提醒学生，他们可以和别人一起努力来成为更有技巧和更有意识的学习者。

更宏观地说，进步主义教师不断要求学生为自己想象一个更美好的世界。在帕克走读学校，每个学年开始时，我们的老师都会要求学生描述他们想要的课堂，然后把他们的答案拟成非正式合同，又称为“班级协议”。我最喜欢的“班级协议”是一个五年级班级写的：“为了有一个尊重、包容、充满事实、棒极了的、能让我们都感到安全和惊奇的课堂，我们约定要互相倾听和关注。”

在埃尔布的一年级教室的墙上，一个名叫布鲁诺的男孩写道：“当有人受伤时，我希望每个人都能伸出援手。”另一名学生马可说：“我希望这个教室很友好，没有人会吵架。我想在这里玩得开心，我不希望任何人踩到书或其他东西。”

一步步来

在学校建立强有力的社区是种艺术，要求成年人对儿童正在发展的能力保持敏感。进步主义教育者对儿童发展的看法是这样的：那是人类逐渐变得不那么以自我为中心的过程。对于幼儿园的孩子来说，这意味着理解他（或她）的同学也有自己的感受。到三年级时，学生慢慢开始有能力评估班集体成员相处得怎么样。到五年级时，他们可能会更好地了解自己与他人在彼此相互作用中的角色。

从我们的学生上学的第一天起，我们就轻轻地推着他们朝这个方向前进。老师请幼儿园的孩子注意操场上是否有人没有玩伴，并想象那可能是怎样的感觉。一年级学生学习这句口号："看到问题，采取行动。"对于天然就以自我中心的五六岁孩子来说，这是一项艰巨的挑战，但我们的任务就是要挑战他们，使他们成长。对于这种成长，我们不会在图表上粘贴标签。相反，我们唤起孩子内在的同理心，试着培养他们产生发自内心的满足感。

一有机会，我们就会邀请年龄较大的学生参与这项工作。这就是许多进步主义学校开设混龄课程的原因，让相隔一两个年级的学生合班上课，或者至少设有结对子制度，就像坎布里奇友谊学校那个对山姆·鲁特意义重大的制度一样。这个想法可能看起来有点过时，让人想起 100 年前的单室学校。然而，现代研究人员已经认识到了它的价值，特别是因为有些孩子相比于同龄人可能学得更快或更慢，在混龄班级里他们更有机会按自己舒服的速度学习。研究发现，混龄班级的设置可以增加孩子的自信心和学习热情。然而，与大多数进步主义教学方法一样，混龄教学通常需要教师更加关注每个学生个体，如此一来，工作量也就更大。

在威斯康星州麦迪逊的温格拉学校，学生通常连续两年跟着同一位老师学习。这种做法在其他一些进步主义学校也可以见到。该校校长保罗·布拉切（Paul Brahce）表示，他看到"学长（姐）们"，即在班上读到第二年的那些学生，高兴地承担起指导新生的任务。所有学生都受益于和老师更亲密、更熟悉的关系。

帕克走读学校虽然没有混龄班级，但我们有结对子制度。我经常看到，让大孩子承担领导责任所带来巨大的好处。简而言之，它往往会激发出他们最好的一面。一个经典案例是我们的学生兰萨纳·拉皮亚。[5] 他出生在塞拉利昂，8 岁时被美国医生伊恩·兹洛托洛（Ian Zlotolow）和他的女朋友温迪·科恩（Wendy Cohen）收养。在那之前的几年里，拉皮亚先是在战乱中失去了母亲，然后又被毒蛇咬伤了腿。当兹洛托洛见到这个被遗弃在医院的男孩时，拉皮亚已经因为细菌感染导致骨组织退化，患上了骨髓炎。兹洛托洛将这个男孩带回了美国，在这里孩子接受了 10 多次手术。拉皮亚对全面康复充满信心，来帕克走读学校读书时，他已经开始打篮球了。

拉皮亚在帕克走读学校就读时，是他本就变故诸多的人生中出现额外波折的一段时间。他有一个非同寻常的全名：兰萨纳·科恩·兹洛托洛·拉皮亚（Lansana Cohen Zlotolow Lapia），并且移民到了一个仍然深受"9·11"恐怖袭击事件影响的国家。他的养父母已经分居，他轮流在两家之间来回奔波，同时做了一轮又一轮手术。

然而，在帕克走读学校，拉皮亚以其灿烂的笑容而闻名。我经常看到他和年幼的孩子一起打篮球、踢足球。在帕克走读学校，不同年龄的孩子一起玩耍很常见，但这在其他许多学校很少见。对拉皮亚来说，这种体验似乎有治愈的力量。我上次听说他的消息时，他正在伯克利高中读书，高一时被评为篮球队中最鼓舞人心的球员。

大写的尊重

摇滚乐的编年史里充满了青少年的怒火，因为他们常常在学校感到无力和不受尊重。想想平克·弗洛伊德乐队（Pink Floyd）的《墙上的另一块砖》（*Another Brick in the Wall*）和雷蒙斯乐队（Ramones）的《我不想被

学习 / 我不想被驯服》（*I Don't Wanna Be Learned / I Don't Wanna Be Tamed*）。愤恨刺激了音乐的创造力，但也催生了各种不良行为，从逃学到涂鸦再到霸凌。[6]

与此相反的是，我也看到过学生高兴地“被学习”，因为他们感受到自己可以一定程度上控制自己所处的日常环境。在与孩子的发展程度相匹配的前提下，我们给他们的尊重和控制权越多越好。懂行的教师知道如何既给学生空间，又保持相对有序的课堂。在帕克和其他许多进步主义学校，老师和学生称呼彼此的时候会直呼其名。在进步主义学校里，很少会看到一年级以上的学生去上厕所之前必须先举手，也很少看到孩子们滥用这项权利。你也不会听到每 40 分钟的课结束时全校打铃。我们对学生的期望是他们有足够的责任感，知道自己该去哪里，该什么时候去。

我访问过的所有学校的老师都会从开学第一天起就表达对学生的高度期望。例如，在教会山学校，幼儿园老师凯西·德安德里亚（Kathy D'Andrea）每天早上会先开晨会，由一个学生负责记考勤。然后，德安德里亚可能会提出一个全班参与的活动，比如，学生可以用回收材料制作一本关于回收利用的书。她会让感兴趣的学生举手，然后大家一起讨论是否一致同意做这件事。学生们可以在接下来的几个小时内选择他们想要进行的活动，有的排练戏剧中的角色，有的拿着日记本写作。和大多数成年人一样，当孩子们有机会自己选择时，他们的参与热情往往会更高。

随着学生慢慢长大成熟，进步主义学校给他们的自主权也越来越大。在芝加哥的儿童学校，幼儿园到五年级的学生都自行主持每日集会，成年人很少干预。我去参观的那天早上，一个三年级的女孩带着成年人般的自信主持了会议，正式欢迎我来到学校，然后宣读了当日通知。和其他进步主义学校一样，儿童学校往往把通常只有成年人才有机会做的工作分配给学生，例如带领访客参观校园。学生做这些工作的时候展现出非凡的能力和自豪感。

我访问过的许多进步主义高中都允许学生参与校董会，但他们的投票权会受到一定限制。这个做法的作用是给学生一个岗位，让他们既可以观察成年人如何扮演领导者的角色，也可以自己练习这些技能，由此来培养他们的领导能力。同时，许多进步主义学校避免成立传统形式的学生会。进步主义教师一般不会将一小群学生孤立出来成为名义上的领导者，而学生也通常会支持这样的做法。在帕克走读学校，当老师建议成立中学部学生会的时候，我很高兴地得知学生们没有接受这个建议，他们认为学校应该要求所有学生发挥领导作用，而不是让少数人掌握权力。

值得一提的是，在进步主义教育诞生的时代，“放下棍子，宠坏孩子”被认为是教育智慧，孩子在家里或学校如果行为不当经常会挨打。在密苏里州汉尼拔镇长大的马克·吐温在他 1876 年出版的《汤姆·索亚历险记》中生动地描述了这种做法以及它适得其反的结果：

> 杜宾斯先生打起人来也变得十分凶狠，……即使对一些微不足道的缺点过失，他似乎也要上前惩罚，从中获得整人的乐趣。结果那些年纪较小的学生白天惊恐万分，苦不堪言，夜晚就筹划如何进行报复，从不错过任何一个给校长制造麻烦的机会。[①]

我担任帕克走读学校校长时，会尽我最大的努力去理解和帮助那些反复行

① 马克·吐温：《汤姆·索亚历险记》，朱建迅、郑康译，译林出版社，2010 年，第 155 页。——译者注

为不端的孩子，我相信这种策略比鞭打更有效，在当今社会当然也更合法。据说，被贴上“捣乱者”标签的孩子做出不当行为时是在寻求关注。我相信，帮助他们的秘诀正是给他们关注，而不是用惩罚的方式或羞辱他们的方式。当一个学生在课堂上反复捣乱时，他们会被要求每天去我的办公室一两次。在那里，我会给他们一个玻璃罐，还有一块红色积木，一块绿色积木。孩子必须在两个积木里选择一个放进罐子里。选绿色的意思是，他今天早晨遵守纪律；选红色的意思是，出了问题，我们需要谈谈。这是一个鼓励自我监督和自我控制的简单方法。通常，几天后，孩子就会注意到罐子里慢慢堆积起绿色积木，并因此感到自豪。

我没见过任何一位进步主义教育者相信应该通过恐惧来管理孩子，更别说体罚了，哪怕面对严重的违纪行为也是如此。教会山学校的加文斯说，她的学校里绝大部分的纪律问题都是通过与违纪的孩子交谈来解决的。在担任校长的 8 年里，加文斯从未开除过学生，尽管有极少数的几次她曾因“无端有预谋的残忍行为”而让一些孩子停学。她说，在这种情况下，她总是先与学生和他们的父母进行深入对话，并且制订严格的重新入学计划。

“我不喜欢让孩子辍学，这里的原因有很多。”加文斯说，“他们属于学校。我不希望他们在街头游荡。”因此，加文斯尝试了更有创意的策略，比如让违规的高年级孩子在低年级老师的密切监督下负责帮忙照顾年幼的孩子。

正如加文斯提醒我们的那样，儿童的不良行为很少像表面上看起来那么简单。她讲了一件最近发生的事：一个六年级女孩拿着剪刀，要剪掉另一个女孩的头发。“表面上，我们看到了教室里有个危险的女孩，我们必须让她离开。但我们知道，了解整件事情的来龙去脉很重要。事实上，其他的女孩们一直在挑衅她，已把她逼到忍无可忍的地步。”事后，加文斯召集所有相关学生及她们的父母开会。而加文斯也借此机会提醒老师们，要特别关注易怒的孩子，留意他们即将崩溃的迹象，并教导学生用言语而不是拳头或剪刀来解决问题。

至于应对校园霸凌的问题，近年来美国各州政府给了学校一些自上而下的笨拙指令，令我感到失望。例如，一些州通过了相关法律，要求学校工作人员一旦发现看上去似乎是霸凌的事件就立即汇报。这让老师们无法用自己的最佳判断决定什么样的事件值得干预。我们当然需要保护学生免受欺负，但“霸凌”已经成为一个流行词，让家长、老师和学生对其心存戒备，有时甚至会反应过度。在我看来，即便自上而下的立法再完备，如果没有首先做好工作、建立文化来让霸凌行为无处生存，这些法律制度最多只是一个权宜之计。当学生不再觉得自己被忽视或被令人窒息的日常事务困扰时，当他们被给予尊重和一定程度的自主权时，当他们真正愿意投入到学习中去时，霸凌和其他不良行为就不再是问题。

我不是说帕克走读学校从来没有霸凌问题。早在 2004 年，当全美开始日益关注校园霸凌之前，我们就做了特别的努力来提高大家对这一问题的认识，以确保它不会变成一个大问题。我们与学生和家长开会，讨论霸凌的定义、预防与应对措施。我们的二年级学生与离我们两个街区远的爱默生公立学校的同龄人一起设计并编写了一本名为《停止小学霸凌》的小册子，然后与其他当地学校分享。孩子们自编自导了反霸凌短剧，表演给其他班级看。

这几年，我们所有的老师每周都会主持一次班会，其间鼓励孩子们谈论任何学生被嘲弄或霸凌的事件。然后，犯错的孩子可以选择道歉并做出补偿。这种方法被称为“恢复性司法”。这种方法越来越受欢迎，甚至传统学校也开始采用，因为越来越多的证据表明，罚学生停学或开除最终弊大于利。加利福尼亚州的学校引领着这个新趋势，并取得了鼓舞人心的成果：在 2012—2013 学年，公立学校报告的学生停学率平均下降了 14%。[7]

民主并不只是学生的事

一个如此重视学生民主治理的教育运动，竟然在部分学校由专制的校长领导，这些校长常常激烈地反对和其他成年人分享权力，无论是和教师还是和家长都是如此。这可能会让历史爱好者觉得颇具讽刺意味。卡罗琳·普拉特坦言：“我被指着鼻子骂过，说我憎恨父母，说我希望所有的孩子一出生就是孤儿。”在她管理纽约城乡学校的最初几年，普拉特承认她上下班时会故意绕远路走，以免撞上家长，怕被缠着问学校是否能有效地帮助学生做好上高中的准备。但即便如此，她还是想象不出还有什么关系比学生家长与教师之间保持的那种“同谋军、手牵手”的关系更紧密。

进步主义学校自然容易吸引个性鲜明的教师和校长。平心而论，进步主义教育者对民主合作价值的强烈信仰也常常促使我们耐下心来考虑他人的观点，无论他们是同事还是家长，无论这需要付出多少精力。

“你需要适应，变化的节奏是很缓慢的，”印第安纳波利斯果园学校的校长约瑟夫·马歇尔（Joseph Marshall）在我参观他那所学制从幼儿园到八年级的私立学校时告诉我，“做决定时需要与他人不断对话，这需要时间和谦逊的态度。”

这通常是校长工作中最棘手的部分之一。显然，不是所有的决定都可以通过民主决议来达成。校长需要用智慧来判断哪些决定需要共识，然后用外交手腕来解释这些决定。在这个过程中，不可或缺的是校长与教师、校长与家长、教师与家长以及学生之间公开、清晰和频繁的沟通。正如加文斯所说：“我的所有工作都一目了然。没有秘密，没有隐藏，也没有幕后交易。每个人都知道我的工作是什么，因为大家在这里所期望的就是，每个人的工作都是公开的，每个人都可以捍卫自己的决定。对我来说也是如此。”[8]

没有人会说民主是容易实现的。但这些年下来，对我们的许多学生来说，更难的，通常是适应我们这种“雏形社会”之外那个不那么理想主义的世界。《哈佛深红报》(*Harvard Crimson*）早在 1958 年的一篇关于帕特尼学校的文章中写道：“该校一位毕业生经常觉得难以应对他眼中生活的庸常。在见过‘更美好的世界’的可能性之后，这是必须付出的代价。”

当然，产生这种挫败感不是我们的目的。相反，我们希望那些体验过我们理想主义社区的人，能够有能力和决心，在他们之后的学习、工作和生活的地方重建充满关怀和协作意识的民主氛围。这一点，我在后文中会详细阐述。

Loving Learning

第4章

设计自己的故事板：利用科技的魅力让学习更快乐

我们必须关注的是学习，而不是学校。

——艾略特·加洛韦，加洛韦学校创始人

苏菲的格斗游戏

苏菲·奥斯顿（Sophie Orston）才 8 岁就设计了她的第一款电子游戏。在淡紫色的天空中，一只白牙突出的棕色吸血蝙蝠在来回飞动，下方是一只可以移动的橘猫，背景里响着电子生成的嘻哈节拍。每隔一段时间，蝙蝠就会丢下一个球。玩家的任务是移动橘猫让它不被击中。如果猫被击中，就会“嗷呜”地叫一声。这个叫声是苏菲录的自己的叫声。

苏菲用了麻省理工学院开发的程序来设计这款游戏，这个过程中需要多种不同的技能，包括编写和设计“故事板”，这和专业游戏设计师规划脚本的过程是一样的，还需要用到数学、美术和音乐技能。“每周我都会学新的东西，”苏菲回忆道，“我得设计出好人和坏人，还得选择音乐……”

在那些孩子们不在线上开发程序的日子里，苏菲那个自称“老派极客”、身穿美国国家航空航天局（NASA）T 恤的老师马克·格尔（Mark Gerl）安排班里的同学通过网络电话采访电脑工程师。同时，为了鼓励班上的女生，格尔还常常在课上穿插着介绍历史上一些鲜为人知的计算机科学领域的伟大女性，包括：阿达·洛芙莱斯（Ada Lovelace），她被认为是世界上第一位电脑程序员；格蕾丝·赫柏（Grace Hopper），她是计算机科学先驱和美国海军少将；奥地利女演员和发明家海蒂·拉玛（Hedy Lamarr），她的发明成为现代无线通信的奠基石。拉玛和作曲家乔治·安太尔一起在1941年发明了早期跳频技术。这项技术被认为对美国在第二次世界大战中的防御至关重要。

格尔祖上三代都是老师，他在加洛韦学校工作已经12年了。他是进步主义教育的忠实追随者，最早从祖母和母亲口中听说了杜威。在他读本科时，他着迷于一位鲜为人知的16世纪摩拉维亚教育改革家约翰·阿摩斯·夸美纽斯（John Amos Comenius）。夸美纽斯的主要成就是引入了第一本用拉丁文以外的语言编写的图画教科书，同时他也反对学校死记硬背的做法。格尔认为，在现代，传统学校和进步主义学校对技术的态度之间的区别在于，传统学校教学生做PPT是为了让他们学会使用这个软件，而进步主义学校教学生做PPT是为了让他们能够表达那些吸引他们的想法。

苏菲是新转来加洛韦学校的学生，她以前的学校更传统，也没教过编程。她说，原来学校的老师大多没那么有人格魅力。现在，她说，自己在家里经常躺在床上，想着长大后会过什么样的生活。她对唱歌、艺术和发明创造感兴趣。

当被问到有什么女生不能做的工作时，她惊讶地摸了摸脸颊。“没有，”她说，“我一个也想不出来。”她也很惊讶一些同龄的孩子不喜欢上学。“我爱上学，”她说，“我在学校特别开心。”

我们不是卢德派

人们常常出于刻板印象认为进步主义教育者必然反对技术，就像19世纪英国的卢德派一样，他们试图通过捣毁纺织机器来阻止工业革命导致的工匠失业。这个描述可能符合我们以前的情况或符合我们中的一部分人的做法，但它从来都不是完全准确的。几十年前，杜威本人就指出，进步主义教育者有责任让学生为进入世界做好准备：**“不是过去的世界，不是我们的世界，而是他们的世界——未来的世界。”**

今天，我们更有理由牢记他的教诲。计算机和其他高科技现在不仅无处不在，而且在工作和社交生活中几乎是必不可少的。忽略它们是对学生的不公平，会让他们无法为自己的未来做好准备。科技让学生着迷。不管我们高兴与否，那是他们在校外享受乐趣的主要方式。因此，既然希望他们在学校玩得开心，爱上学习，我们最好想办法克服自己对技术的异议，因为当下我们所有人都花越来越多时间使用各种电子设备。有一点我需要明确：我们确实有一些强烈的异议。当看到一个孩子坐在电脑前拿着鼠标，旁边聚着一群人，只是围观，我们中的许多人，包括我自己，都会皱起眉头。我们也担心电脑技术只给孩子提供的那种即时的，甚至令人上瘾的刺激。但就像课堂上发生的一切一样，我们需要对技术保持警惕和良好的判断力，不断平衡风险和回报，才能利用好技术。我确实也看到了，新颖的技术工具对孩子们有天然的吸引力，而这带来的好处让我们无法拒绝。

正如加洛韦学校的指导理念中所说的那样，孩子们在被吸引而不是被强迫时学得最好。因此，如果最初吸引苏菲·奥斯顿学习计算机科学的是“拳击格斗”类电子游戏的刺激，我们完全可以善加利用，因为这是引导她学习计算机的工作原理的一条捷径。

我自己不是电脑通，连这么说都有点保守。我在 20 世纪 80 年代后期有了第一台台式电脑，然后通过软盘上的教程自学了使用方法。从那时以后，我一直满足于在遇到问题时就给技术支持部门打电话。我这个电脑外行觉得让我 20 多岁的儿子马特做家里的技术专家就很好。

尽管如此，我依然完全可以体会到学校的各种高科技进步不仅符合进步主义教育理念，而且为学校创造了令人兴奋的新可能。它们有独特的能力帮助学校把学生当作“重心”，从这个角度来说，电脑也是重要的进步主义工具。这就是为什么在我参观全美各地的进步主义学校时，我很高兴看到我们中的许多人领先潮流，以深思熟虑、高瞻远瞩的方式将高科技融入课堂。

例如，威克利夫小学不仅是美国罕见的进步主义公立学校之一，而且是我所知的唯一一所把“进步主义”的牌子挂在教学楼上的学校。在那里，学生们已经学会了使用数码影像工具来主张自己的权益。三年级学生制作了一个名为“铅笔的故事”的视频，详细解释了学生们对低质量铅笔的担忧：这些铅笔削起来很难，铅芯太容易折断。学生们的视频说服了制造商改进生产工艺，并向学校供应了一批新生产的铅笔。

银行街儿童学校是纽约一所招收幼儿园到八年级学生的私立学校。在那里，学生们用网络电话和中国的“笔友”视频交流，他们交换照片，分享关于周末或午餐的故事。坎布里奇的威斯顿学校是一所寄宿和走读高中，学生们在“青年理解媒体”实验室里上课，学习数字摄影、电影配乐和电脑设计。整个校园都有网络覆盖，教师在上课时使用交互式白板，也鼓励学生在网上写博客，或在全校的线上论坛里相互辩论。在坎布里奇镇的另一边，沙迪希尔学校的科学老师芭芭拉·布拉泽尔（Barbara Bratzel）将一个名为LabVIEW的高级设计软件融入课程，帮助中学生用图解法来理解他们正在学的科学概念。就连佛蒙特州世外桃源般的帕特尼学校也有一个新型教学技术中心，学生可以在那里使用视频制作设备、音乐创作软件、视频会议工具和桌面出版系统来制作专业水平的课程报告。他们还可以学习机器人技术和地理信息系统，也可以用创新的数据收集方法来辅助他们的科学课。

要知道，我们的先驱者是科学的狂热爱好者，他们乐观地相信新发现能帮助我们创造更美好的世界。他们也是职业教育最早的拥护者。既然现在的我们已经看到电脑对大多数工作至关重要，就不能对这个事实视而不见。

在学校使用电脑也符合杜威提出的“学校应该更像生活”的观点。再重申一次，无论成年人是否许可，今天的大多数孩子在他们大部分空闲时间里都在使用某种电子设备。他们的老师可以，也应该帮助他们理解怎样才能最好地管理和利用这些新科技设备。与此同时，电脑和其他高科技通信技术也能为我们的进步主义教育目标服务，因为它们是创建社区的强大工具，可以让学生和老师实现在线对话。它们还可以让学生更轻松地按照自己的节奏和不同的方式学习——不仅仅是通过文本，还可以通过图片、视频和音频。它们让学生对自己功课的回顾和修正变得更快、更容易，也让学生能够打破教室的墙壁，去到更远的地方，就像银行街的学生和他们的中国“笔友”交流一样。

除此之外，电脑最符合进步主义教育理念的地方可能在于它们对学生的自主性的鼓励，将教师的角色从“讲台上的贤者”转变为教练。培养学生的独立性是进步主义教育的核心目标之一。在加洛韦学校，格尔说他从不对学生做详细的制作指导。“我会说，现在你要制作电脑游戏，做完以后告诉我，”他说，“只有当学生告诉我他们想设计50个关卡打800个怪物的时候，我才会对他们做出限制。这时我会告诉他们，你们只有 3 个月的时间，所以也许你们可以做两个关卡和一个怪物。”电脑房里有一张海报，是为了告诉学生，如果遇到问题，在问老师之前先问两个朋友。格尔说：“我希望他们尽可能地自己解决问题。我让他们在参考书中寻找类似的例子，同学间互相寻求帮助和建议。找我帮忙应该是他们的最后一招。”

美国教育考试服务中心的研究员哈罗德·温林斯基（Harold Wenglinsky）在一项有 13 000 多名学生参加测试的研究中证明，在教学中使用电脑的有效性取决于使用方式。[1] 如果依赖电脑完成常规教学目标，例如考试刷题，使用电脑实际上往往会降低学生的成绩。然而，如果使用电脑的方式更具创造性，例如用电脑帮助学生进行调整变量的模拟实验，则有助于提高学生的成绩。

正如研究证实的那样，新的通信技术在最好的情况下会让学习变得更吸引人，更具活力，更鼓舞信心，也更有效。研究发现，在某些情况下，参与多媒体项目的学生在沟通技巧、团队合作和解决问题方面的表现也会优于不使用技术的学生。位于硅谷的在线教程编写机构可汗学院（Khan Academy）最近的一些发现给我留下了特别深刻的印象。学生在家中观看教学视频，这样他们就可以利用课堂时间与老师和同学一起解决问题。公立特许学校奥克兰团结高中（帕克走读学校的邻居）于 2011 年开始试点使用可汗学院的教程，发现学生在代数考试中的班级平均分数翻了一番。[2] 数学老师也报告说学生们变得更加自信，学习更加努力，同时也愿意为自己的学习承担更多的责任。

五花八门的教育科技潮流

在过去的几年里，整个美国的传统学校和非传统学校都在争先恐后地寻找最佳办法来融合新技术，跟上社会不断加速的变化。至少有一件事是清楚的：更多的技术进入课堂是不可避免的。

2013 年 6 月，奥巴马总统宣布一个目标，要在 5 年内为 99% 的美国教室提供高速无线网络连接。据我所知，包括苹果、微软、斯普林特和威瑞森在内的美国主要高科技公司已为实现该目标捐赠了超过 7.5 亿美元。

截至 2012 年，已有超过 250 万名公立学校的学生至少在线学习过一门课程，而 5 年前这一数字仅为 75 万。65% 的学校报告说他们已经制定了“数字内容战略”。变化正在发生的另一个强有力的证据是，2014 年针对《共同核心州立标准》的第一次全美考试采用了机考，而不是用涂答题卡的方式。考试默认所有的应试者都已经知道如何使用电脑文字处理软件。

当然，在某种程度上，我们以前就见过这样的情形。在 20 世纪 90 年代后期的互联网热潮中，电脑公司就曾向学校投入大量资金，希望台式机和文字处理软件给学习方式带来重大变革，可结果是变革并没有发生。所以如果我的热情听上去有点谨慎甚至有疑虑，请原谅。当我看到学校，包括一部分进步主义学校，在没有充分考虑如何使用平板电脑的情况下就大量购入平板电脑时，我会非常担心。难点始终是如何确保新设备会增强而非降低学生的参与感和赋能感，以免我们用行为印证亨利・大卫・梭罗在 19 世纪中叶发出的那赤裸裸的批评：“人已经成了工具的工具。”或者更具体地说，成为工具制造商的工具。

虽然我认识的大多数进步主义教育者并不过分怀疑电脑本身，但从整体上来说，我们对电脑、软件和网络制造商非常警惕，因为他们其中许多人像 20 世纪初的强盗大亨一样冷酷地追求利润。看到金融巨头对公共教育行业的利润垂涎欲滴让我感到紧张，就像我听说新闻集团总裁鲁伯特・默多克所做的一样。他在 2011 年估计基础教育市场每年价值 5 000 亿美元，两年后，他的公司 Amplify 推出了新的平板电脑，供数百万美国小学生和教师使用。Amplify 的供应商宣传新设备有潜力减少教师花在管理工作上的时间，但一些教师也担心减少了工作时间后教师岗位数量也会减少。

他们有充分的理由担心。一些批评者担心，新技术提供了监视教师的新方法，可以精确监控他们每一分每一秒工作时间的利用情况。在某些情况下，电脑已经完全取代了教师。位于加利福尼亚州圣何塞的连锁特许学校火箭飞船学校主要招收低收入家庭的学生，它通过传统教学和在线教学相结合的方式提高了学生的考试成绩，从而赢得了全美国的赞誉。这所特许学校通过更低的师生比来维持收支平衡。据报道，他们在线教学的一个班级中最多有100 个孩子。进步主义教师更重视学生与教师之间的关系，而不是让学生在电脑上花更多时间。今天人们对技术毫无保留的热情让微软的比尔·盖茨都表示："技术只是工具。[3] 从让孩子们团结合作和激励他们的角度来看，最重要的还是老师。"

在帕克走读学校，我们有一个技术创新委员会，从进步主义教育理念的角度不断评估各种新设备，从平板电脑到激光切割机，再到 3D 打印机。我们以孩子为中心去构想学校的技术愿景。我们思考在这个设备上花更多的时间是否符合该年龄段孩子的发展需要，因为年幼的孩子尤其需要有时间来用他们的双手探索世界。我们也思考学生的时间是否应该花在其他更重要的事情上。我们还考虑学校对社会正义的坚持，在评估采购计划时会考虑设备对环境的影响，以及设备生产厂商是否尊重工人的福利。我们越发需要扪心自问，这些决定是真的有助于培养孩子们的创造力，还是仅仅鼓励了一种贪得无厌的文化。

工匠精神

"technology" 一词来自希腊语 τε'χνη，意思是"工艺""技艺""艺术"。许多进步主义教育者会说，无论是高科技还是低科技，我们最感兴趣的是工匠精神。没错，进步主义学校和传统公立学校对待技术的区别正在于此。

如果你来参加帕克走读学校每年秋天的迷你创客市集，就会明白我的意思。这个市集由家长和教职工举办，是2006年在加利福尼亚州圣马特奥举行的大型年度创客嘉年华的一个分支。目前，创客市集已经在全世界超过100个城市举办过，甚至有一场计划要在白宫召开。我们学校第一次举办创客市集活动是在2011年10月，它立即成为我整个学年里最喜爱的时光。在这里，我们赞美动手能力，从制作苹果醋到锻造金属再到设计机器人。在这里，孩子们穿梭在一个个充满魔力的展台之间，发射火箭模型、制作首饰、搅拌黄油、用丝网印刷制作T恤，他们流连忘返；在这里，回响着中学部的吉他乐队演奏的声音；在这里，空气中弥漫着油腻的烤香肠气味。

我们最早能举办创客市集，归功于学校的两大财富：我们那个位于奥克兰市中心的宽敞校园，以及我们那群无比聪明和富有热情的家长。这个项目的两个主要发起人分别是：萨布丽娜·梅洛（Sabrina Merlo），她是一位营销总监，后来成为圣弗朗西斯科和纽约创客嘉年华的项目总监；詹妮弗·帕尔卡（Jennifer Pahlka），当时她是国家非营利组织“为美国编程”（Code for America）的创始人，该项目旨在帮助市一级的政府适应互联网时代。我在写这本书的时候，帕尔卡正在白宫任职，担任副首席技术官，负责政府创新工作。

我还记得梅洛最初找我提出这个想法时，她说，一个动手实践的项目相比于我们的年度“花园之旅”活动，会更有吸引力，更适合我们的年轻家庭。花园之旅是我们过去20年来的最主要的筹款活动。我从一开始就竖起大拇指表示会全力支持。梅洛今天回忆起来，说我当时甚至都没问过她活动需要多少预算。

从我们的第一场活动开始，我就很清楚，信任梅洛和帕尔卡的安排是一个正确的决定。尽管创客市集的大部分活动时间都在下大雨，但仍有近3 000人前来参加，孩子们穿着雨靴，跺着脚。活动取得了巨大的成功。我虽然戴着皮雨帽，穿着雨衣和靴子，但才到早上9点30分就已经湿透了。这让我觉得自己就像一个9岁的孩子，在下个不停的暴雨天里嬉戏。我玩得很开心，如果在暴雨天都有这么多参加者，我们都想象不出晴天会有多少人来。

尽管创客市集门票的价格比“花园之旅”低多了，但参加人数高出了10倍。包括门票和零食在内，我们的收入是原来的3倍。更重要的是，我们现在的筹款活动更符合进步主义教育原则：支持艺术和发明，反对商品化文化。“当生活中所有的东西都可以买卖时，成为一个创客就是一种革命性的行为。”创客嘉年华的推动者、《美好生活实验室》（*The Good Lifc Lab*）一书的作者温迪·特雷梅恩（Wendy Tremayne）这样写道。正如她所阐述的那样：“创客能够理解和改变世界。[4]商品的购买者只需要知道他们想要的商品该去哪找，并且有钱购买那些商品，这是一种同化行为。但是作为一名创客，我们会知道这些东西是用什么做的，如何运作，从哪里来，实际成本是多少，如何修理……”

帕克走读学校的学习专家伊利亚·普拉特（Ilya Pratt）是本地创客运动的领导者之一，也是帕克走读学校技术创新委员会的一员。在闲暇时，伊利亚骑自行车，也自己修理自行车。她对创客运动曾做过富有远见的描述：“它不仅是对公司权力的反抗，也是对未来需要的创造力的回应。近年来人们担心社会上缺少发明家和工程师，但他们不正是懂得如何用双手制造，用探索发明出新东西的发明家和工程师吗？”

当然，动手实践还有别的好处：它也是对儿童大脑健康发育的投资。进步主义的偏好又一次被研究证实。一些有趣的证据表明，动手实践不仅能让你的头脑更敏锐，而且会让你更不容易患抑郁症。[5]毕竟，在人类漫长历史中的绝大部分时间里，我们都在用双手制作东西。人类弯腰驼背地坐在键盘前的信息时代从进化角度来说是最近才出现的异常现象。

帕克走读学校新迸发的创客能量让伊利亚深受鼓舞，于是她起草了一份提案交给学校一些杰出的家长，那些家长拥有一家名为丰盈基金会（Abundance Foundation）的家庭慈善机构。她最初的想法是通过寻求对教师培训的支持，来鼓励帕克走读学校的学生锻炼设计思维。该提案让我们与哈佛大学教育学院的研究人员建立了联系，并很快形成了新的合作伙伴关系。

自 2012 年起，哈佛大学每年 4 次派研究员到帕克走读学校，在我们的学生身上研究创造力和批判性思维的起源。同时，我们也派老师到哈佛大学学习如何培养这些品质的最新研究成果。这些研究员来自一个名为“零点计划”的项目，在多元智能方面做了开创性工作的著名心理学家霍华德·加德纳（Howard Gardner）[①] 是该项目的创始人。项目之所以命名为“零点计划”，是因为当时人们对创造力的起源知之甚少。该项目的负责人莎莉·狄西曼（Shari Tishman）说，帕克走读学校在开展丰富的实践学习活动上有悠久的历史，是这项研究的理想合作伙伴。研究后来又扩大到其他 4 所本地学校，帕克走读学校是 5 所学校中唯一的私立学校。狄西曼还说：“帕克走读学校非常鼓励学生的冒险精神和想象力，也坚持让学生探索他们好奇的领域和发展自己的兴趣，帮助他们最终成长为独立思考者。”

作为合作的一部分，哈佛大学的研究员在帕克走读学校和附近的公立学校奥克兰国际高中试行了一个项目。项目被命名为“DesignME”，代表了

① 霍华德·加德纳是哈佛大学教育研究生院心理学、教育学教授，被誉为“多元智能理论之父”。其著作《智能的结构》《多元智能新视野》《从多元智能到综合思维》中文简体字版已由湛庐文化引进、浙江教育出版社出版。——编者注

Design（设计）、Make（制作）、Engage（参与）。DesignME 项目鼓励学生为现实世界的问题设计解决方案。例如，在一个研究运动科学的设计挑战中，学生们运用数学和科技知识，用胶带和吸管这类非常简单的材料制作出一个装置，让一个小鸟模型从房间一头沿着绳子移动到另一头。该项目不仅让学生参与工程挑战并建立信心，而且帮助研究人员了解设计思维在小学生和中学生的成长中是如何出现的。此前，这样的研究所涉及的研究对象只有高中阶段的学生。

作坊文化

回顾历史，很容易看出，其实现代的进步主义学校拥抱技术、设计和发明，自然地延伸了进步主义教育前辈们发明的作坊课程。他们的思想的核心是把孩子们从一排排枯燥的桌子后面解放出来，让他们在团队中开展项目。

距费城 24 千米的玫瑰谷学校，无论在我的心中还是进步主义教育的历史中都有特殊的一席之地。1929 年，一群家长来到玫瑰谷加入当地的手工艺者社区，并创办了这所学校。他们拒绝了主流的工厂模式，而是偏爱杜威的教育方法。它也是少数几所在一个世纪里绝大部分时间都持续办学的进步主义学校之一。这些年来，它保留了进步主义教育运动的最佳传统，包括把木工车间放在学校的中心。正如前任校长格蕾丝·罗策尔（Grace Rotzel）在她的书《玫瑰谷中的学校》（*The School in Rose Valley*）中所解释的那样，创校时建造的第一间教室就是木工车间。[6] 从那以后，它一直是学校不可或缺的一部分，因为它能有力地帮助学生塑造品格。罗策尔写道：

> 让学生使用工具是学校磨炼他们的最好方式之一。在孩子们来到学校之前的生活中，磨炼他们的几乎总是某个在情感上与他们很亲近的人。在使用工具的时候，他们可以自由

地决定如何磨炼自己。他们想要做出成果。如果他们非常年幼的话，很可能他们只是想要锯和锤这样的动作为其带来的满足。无论如何，孩子们对制作东西的渴望是如此普遍，从而使他们愿意通过艰苦的努力来达到目的。这就是磨炼。

在她写的校史中，罗策尔描述了木工班上年仅10岁的学生们在学校扩建教学楼的时候帮忙建造墙壁和地基的情形。当老师告诉他们马上要开始一个新项目的时候，学生们大声抗议，因为他们想继续工作，挖排水用的沟渠。

我在2013年参访了这所占地3.4万平方米、教室外散养着鸡和羊的学校。我发现该校从幼儿园到六年级的学生都充满信心地做着“成年人”的项目。所有的孩子都使用标准尺寸的工具，根据学校网站上的说明，只有标准尺寸的工具才足够有力，可以完成真正的工作。使用真正的工具不仅有助于锻炼孩子的肌肉力量和耐力，也有助于塑造品格，因为学生们在工作时相互依赖，有意识地关注彼此的安全，在每个项目结束后把工具清理好并放回原位。

除了武器，孩子们想做什么都可以。最近学生们带回家的作品包括轻便手推车、书桌、椅子、柠檬水摊位，还有一个鸡舍。孩子们还可以在工匠桌上拆装电子设备和电器，用这种方式学习电路的基本原理，也可以自己做手电筒和电动玩具。我多渴望自己能告诉你，这种场景在所有的进步主义学校都很常见。可悲的是，事实并非如此。尽管我们已经能够不在意标准化考试带来的压力，但太多进步主义教育者还是因为大规模建筑项目所需要的时间和投入而对它敬而远之。虽然，相比于绝大多数传统学校，我们更愿意实践、发明和创造，但像玫瑰谷学校这样直到今天还开设木工课的学校，即使在进步主义学校中也很少见。我们带着这种态度开展艺术项目，也进行高科技方面的尝试。

美国国家独立学校协会主席约翰·查布（John Chubb）在描述希尔布鲁克学校的创想实验室时表达了类似的态度。该校创办于 1935 年，位于加利福尼亚州的圣克鲁兹丘陵地区，招收从幼儿园到八年级的学生。创想实验室又叫作 iLab，是学校的“混合”学习中心，也就是说，学生既可以使用平板电脑和笔记本电脑在线学习，也可以借助书籍，或跟随同伴和老师学习。实验室是由一个旧的电脑房改造的，配备了固定和移动式白板、可以自由移动的家具、专业音响、机器人套件和多媒体设备。学校一直在记录这个实验室对学生学习的影响，并表示这个实验室可以媲美顶尖大学以及脸书、谷歌、苹果和思科等硅谷巨头使用的类似空间。学校是最早为学生设立这种实验室的小学之一。

查布在博客文章中描述，实验室看起来杂乱无章，学生们自己组成团队，布置家具，随心所欲地使用设备。这里的指导原则是学生拥有自主选择权，让孩子们对自己的教育有了一种宝贵的掌控感。正如查布指出的那样，我们的目标是“学生最终离开学校时必须完全有能力且有动力终身自主学习”。[7]

在加洛韦学校，格尔倡议，老师可以有效地借助现代技术的魅力让学习变得快乐，甚至令人上瘾。他分享了一个叫约翰·弗朗西斯的学生给他展示流行游戏《魔兽世界》的故事。格尔回忆道：“这位才华横溢的 17 岁学生对我说，‘他们会奖励你的好奇心，让你去探索更多东西’。我回答他，‘约翰，你有没有意识到，用你刚才那句话描述教育可谓一语中的’。”

Loving Learning

第 5 章

尝尝这碗汤：给考试排名降降温

任何学校系统，如果让一些孩子失败而另一些孩子成功，那么它都是不公正的、不民主的、无助于教育的。

——玛丽埃塔·约翰逊，
亚拉巴马州费尔霍普市有机教育学校创始人

水晶舞厅里的革命者们

2013 年的一个清冷的秋日早晨，我的妻子伊丽莎白推着坐在轮椅上的我，穿过洛杉矶比尔特摩酒店那间拥挤的水晶舞厅，来到了前排的座位。

那是第四届进步主义教育网络全美大会的第一天。我在 2005 年参与建立了这个网络。那天也是大多数同事们在我癌症确诊以来的两个多月里第一次见到我。在大会的每一个间隙，我的那些多年未见的老朋友们都会走过来给我一个拥抱，拍拍我的胳膊，或是略显拘谨地蹲在我的腿边。

抛开轮椅和由此带来的不便，那天早上我感到相当振奋。与会人数再创纪录，会议氛围充满希望，这些都让我深深震撼。超过 900 位老师和校长参加了这次大会，他们中有人是从加拿大、俄罗斯和日本等国赶来的。我愈加坚信我们在推动的这场教育变革已经蓄势待发，即将走向全球复兴。

比尔特摩酒店是1923年开始营业的，那时正是进步主义教育的黄金时期。我们的网络迄今为止规模最大的一次大会在这里举行真是一个完美的巧合。不过话说回来，这里的装饰金碧辉煌，各种精美艺术品随处可见，还有巨大的吊灯、镶金的落地镜，以及彩色雕花窗户。这一切对于大多数薪资不高的教师与会者来说可能有点太过浮华。演讲者包括从传奇的左翼人士转型为教育改革者的威廉·艾尔斯（William Ayers）和安吉拉·戴维斯（Angela Davis）。一些与会者住在几个街区外更便宜一些的酒店里，一大早步行赶过来的他们脸色通红。那红晕也可能是因为他们听了早上的主题演讲而感到激动。演讲者是圣弗朗西斯科湾区的治疗师玛德琳·莱文（Madeline Levine），她在2008年出版了《特权的代价》（*The Price of Privilege*）一书。莱文有力的演讲提醒着我们，我们努力让学校变得更人道是多么重要。

莱文的书详细描述了最近几代压力过大的儿童的苦难。那天的演讲一开头，她就列举了美国青少年心理健康状况下降的令人震惊的种种迹象。她分享了一些统计数据，强调了精神障碍、药物滥用以及年轻人越演越烈的愤世嫉俗感。[1]从每天阅读的报纸上，我们已经很熟悉这些数字。1/4的美国高中生有可能会患上重度抑郁症。大约17%的高中生在上学期间饮酒、吸毒或吸烟。超过80%的学生在高中毕业前曾在考试中作弊。

最令人毛骨悚然的是，自杀仍然是美国年轻人的第三大死因（也是大学青年的第二大死因）。[2]就在几年前，在加利福尼亚州帕洛阿尔托的上流社区，也是硅谷的中心地带，6个月内有4名青少年站在迎面而来的火车前自杀。

过去，青少年告诉民意调查机构，他们的压力主要源自与家人和朋友的关系。现如今，莱文告诉我们，给青少年带来压力的是考试和作业：为了赶上下一个截止日期，为了在下一次考试中取得好成绩，为了做好大学申请的准备，他们要疯狂地竞争。“这种当前的狂刷题—考高分—上好学校的范式正在扼杀孩子们。”她说。

在水晶舞厅的所有人都对她所说的状况深有同感。多年来，我们看着学生的压力不断上升。原因很复杂，包括对未来就业市场萎缩而产生的看似合理的担忧，以及无处不在的电子设备带来的普遍信息过载。然而，今天早上我们脑海中想到的最重要的原因是，最近政府强制要求的标准化考试急剧增加。对许多孩子来说，现在这些考试早在一年级就开始了。这给公立学校甚至许多私立学校带来“应试教育”的压力。学校用死记硬背代替有意义的学习，并大大减少了艺术课程、独立项目甚至午餐的时间。一些学校的孩子抱怨说，他们只有15分钟的时间狼吞虎咽地吃完饭，然后回到课桌旁。[3]

进步主义教育者是这一发展趋势中最激烈又最清醒的反对者。我们努力使我们的学校在狂热的时代中保留一些理性的光辉，这是教育革命者悠久遗产的一部分。早在1919年，进步主义教育运动的创始人之一沃什伯恩就以放弃正式成绩而使用“目标卡”闻名。目标卡能让每个学生根据自己制定的目标来追踪学习进度。沃什伯恩主张“个性化学习”，让每个学生以自己的节奏进行学习，“慢的人不用着急，快的人不会受限”。[4]他指出，一个班级中孩子之间的差异通常很大，并补充说：“任何形式的评分，若是让学习的某方面能力或者发展不如班上其他同学的孩子感到羞耻，就是不公平和令人沮丧的，也会使那个孩子失去安全感。每个孩子都必须在他实现自己力所能及的目标时得到表扬。”

今天，决定孩子们命运的考试一个接一个；孩子们在高压之下考试分数越来越高，学习效果却未必越来越好，更不要说还要在大量的课外活动中有所表现。我真不知道沃什伯恩如果看到这些会作何感想。但我猜测他会为我们今天的进步主义学校感到自豪。许多进步主义学校完全禁止标准化测试，还有许多像沃什伯恩一样拒绝给学生评定分数或等级。我们相信这种竞争会激发学生最糟糕的一面，让他们贪婪地寻求外在的奖励，而不是培养好奇心和同情心等内在美德。

轮到我上台演讲时，我很庆幸我还能站起来，一次至少能站几分钟。我简要地谈了谈杜威和沃什伯恩，以及将近一个世纪以前举行的进步主义教育协会的第一次会议。我和我的同事们分享了我最近探访全美各地的进步主义学校的经历，也介绍了我对进步主义教育的定义，它包含三个简单易行的部分。我也承认，今天的许多教育工作者对自称其奉行“进步主义”感到矛盾。即便如此，我说，现在是时候让我们自豪地重新提出这个词，并阐明它的历史功绩了。

今天的时代比以往任何时候都更需要进步主义教育。

“问责”运动的恶果

在我们举行大会的前一年，我很高兴看到一场普遍反对教育“问责制”的运动。这种“问责制”剥夺了学生进行有意义和持久学习的机会，更不用说体面的午餐时间。2013 年，西雅图 6 所高中的教师拒绝进行一项他们认为毫无用处的新标准化考试。16 个州的学生抵制基于《共同核心州立标准》的标准化考试。纽约州联合教师工会要求 3 年内暂停标准化考试。与此同时，一个有 20 000 名成员的自称为“坏蛋教师协会”[5]的组织宣布他们明确支持“每一位教师拒绝因为社会未能消除贫困和不平等而受到指责，也拒绝接受那些蔑视真正的教与学的领导强加的评估、测试和评价”。2009 年的纪录片《无处可去》（*Race to Nowhere*）近几年在全美各地的学校放映了数千场。该片主要讲述了几位备受学业煎熬的学生的故事，他们全都罹患与压力过大有关的疾病。其中一名学生是一个年仅 13 岁的有完美主义倾向的女生，她最后选择了自杀。这部纪录片的热播进一步激发了全美反对应试教育的热潮。

《纽约时报》也谴责了美国的“考试狂热”现象。[6]从 2001 年小布什政府的《不让一个孩子掉队》法案到奥巴马政府 2009 年的“力争上游”计划，联邦、州和地方官员日益要求学校用标准化考试的成绩来证明自己教育的成功。但许多教育工作者提出了抗议，指出现今的考试设计得如此差，和学生的发展阶段如此不相称，以至于它们让学生害怕并讨厌上学。

2013 年年底，屡获殊荣的纽约高中校长卡罗尔·伯里斯（Carol Burris）为一年级学生考试中的一道试题写了一篇严厉的评论。这道考题提供了 4 个选项，让孩子们选择“哪两个减法算式是相关的”。伯里斯指出，她教微积分的侄媳妇都被这道题的描述难住了。她在她的博客上发布了一张考卷的照片，这是一位心烦意乱的母亲发给她的。考卷上可以看出，孩子在一丝不苟地回答了前几道题后，彻底崩溃了，在后面的考题上画下了一个大大的“×”[7]，显然已经放弃了正确作答的希望。

我们这些进步主义教育者并不反对问责制本身。科学家们已经证明，偶尔的测试有助于学生学习。我们也很清楚，一些教师、学校甚至州确实应该达到更高的标准。然而，我们坚信，美国全国性的考试狂热现象弊大于利。同时，更让我们感到沮丧的是，越来越多的证据表明，这些在全美范围内日益增加的标准化考试对少数族裔和低收入家庭的学生造成的伤害最大，并进一步扩大了收入差距。我们也质疑这一趋势背后的一些推手动机不纯。

近年来，在培生等大型国际公司以及美国教育考试服务中心的推动下，教育考试已成为一个价值数十亿美元的行业。与此同时，标准化考试的数量和频率都在增加，因为许多学区都在增加自己的考试，让学生为国家规定的考试做准备。今天，以考取大学为目标的学生们发现自己正在源源不断地进行此类高压考试，不仅包括为了追踪学校教育质量的政府考试，还包括SSAT（针对私立学校的申请者）、PSAT、SAT、ACT，以及长达4小时的AP大学先修课程考试，这还没算上平时进行的那些随机小测验，以及期中和期末的考试。

许多州的新法律将教师的工资甚至岗位都与学生的分数挂钩。结果，这个曾经需要深度思考和创造力的工作变得更像工厂里的重复劳动。教育者被告知：这是课本，这是我们希望你教的知识点，这是课程进度表，这是我们对你的考核方式。对于学生来说，这些变化使今天的许多教室看起来更像是20世纪初期严酷、乏味的教室。

2014年，我与进步主义学校的教师和校长进行了共计100多个小时的对话。我发现许多人的焦虑越发严重，和传统学校的教育者们非常相似。

进步主义公立学校的教师焦虑的程度更高。在大多数情况下，这些学校都必须遵守学区政策。2014 年年初，威克利夫小学校长克里斯·科拉罗斯（Chris Collaros）表示，俄亥俄州的新法律规定：根据学生考试的结果对教师进行排名，这不仅使学校更难保持其进步主义的定位，而且削弱了教师的工作效率。“我必须按照一份包含 10 个不同教学元素的打分表，给所有老师的工作画上条条框框，”他说，“这阻断了许多有价值的对话，让渐进式创新变得更加困难。这就是个一刀切的模式。”

加利福尼亚州范奈斯的儿童社区学校是一所招收幼儿园至六年级学生的私立学校，因此负责人尼尔·赖特森（Neal Wrightson ）相对不受这种压力的影响。可是，他也同样会担心主流学校教给孩子的价值观是“我很厉害，你很糟糕”，而不是“我擅长这个，让我来帮助你”。

考试驱动的死记硬背式学习不仅损害社会，可能对经济发展也有负面影响，因为它压制了学生独特的创造力和领导力，而这些品质正是我们保持国民生产总值（GNP）增长所需要的。相反，大多数当前的评估只跟踪那些低层次的、易于衡量的思维。

可以肯定的是，即使是帕克走读学校也不能完全免除某些形式的死记硬背。我给你举一个小例子，也是我的一个小困惑。我还从未遇到过一个 10 岁的孩子能真正理解分数除法概念，更不用说解释清楚了。即使是成年人也常常难以理解这种层次的抽象概念。尽管如此，在五年级数学考试和许多标准化考试中，就有这样一个典型的题目：“7/9 里有几个 2/3 ？”为了回答这个问题，五年级学生通常会学一个简单的技巧：先求逆，再用乘法。这意味着当他们看到这类题目时，他们可以无意识地“解答”，但这真的是我们培养未来的科学家和工程师的方式吗？不过帕克走读学校也会教这类解题技巧，而且已经这样做了多年，因为不这样做就会让我们的学生在高中或以后的学习中毫无准备，而那时他们最终将不得不参加标准化考试。

尽管我们对标准化考试的价值持怀疑态度，但值得注意的是，美国学生在国际 PISA 考试中的分数在过去 10 年中并没有明显提高。更重要的是，所有这些测试似乎都没有帮助孩子为上大学做好准备。2012 年的一项研究显示，在经济合作与发展组织追踪的国家中，美国学生完成大学学业的比例低于平均水平。有近一半的美国大学生在获得学位之前就辍学了，我们的排名落后于日本和芬兰，也落后于匈牙利、智利和意大利。飞涨的大学学费肯定是辍学的一个因素。自 1985 年以来，大学学费几乎涨了 6 倍。但许多专家表示，另一个因素是，学生进入大学之前所做的学习准备非常糟糕。[8]

话虽如此，很多老师、家长，更不用说学区官员，都难以抗拒标准化考试成绩和绩点的可视性。毕竟，与对儿童心理健康的描述相比较而言，这些指标更容易追踪。事实上，全美各地的报纸都会公布学校的考试结果，而房地产经纪人则会利用这些结果来吸引买家进入所谓的高成就者社区。

面对这种现象，那些声名显赫的家长站出来反对考试狂热现象，他们的举动会显得更有意义。这也解释了为什么当人们在进步主义教育网络的大会上热议奥斯卡奖得主马特·达蒙的时候，我会深受吸引。就在我们的会议开幕前几天，达蒙在接受英国《卫报》采访时说，经过“大规模的家庭讨论”后，他决定让 4 个孩子入读洛杉矶的一所进步主义私立学校。他本来还是希望把孩子们送到公立学校的，他说，但他本人在读公立学校时体验的那种进步主义教育如今“在公办教育系统中已经荡然无存”。

在《时代》周刊的后续文章中，洛杉矶学区的督学约翰·迪西（John Deasy）争辩说，在他的学区，家长确实可以让孩子接受进步主义教育，他很乐意帮助达蒙找到一所这样的学校。争辩之余，迪西和达蒙的观点分歧其实没那么大。后来，我在撰写本书时也采访了迪西，他承认美国学校严重缺乏“深思熟虑的、严谨的评估”，而又存在“太多互相孤立的标准化考试。这些考试并没有为学生服务”。

令人高兴的是，一些进步主义公立学校正在设法推翻该制度，或者至少推翻其中的一部分。温内特卡公立学区在七年级之前不对学生进行任何形式的打分，而是只给出叙述性评语。在波士顿的教会山学校，加文斯走得更远，她坚决抵制几乎所有学区规定的标准化考试，尽管她担心这样做会疏远学区的官员们。

根据《不让一个孩子掉队》法案要求，加文斯有义务每年至少允许进行一次州际标准化考试，这样她的学校才能继续获得政府经费。但她告诉我，她拒绝了其他所有学区规定的考试，那些考试的目的是帮助学生为联邦政府规定的考试做备考：

> 考试材料寄到了我的学校，就堆在那里，然后我接到一个电话，对方说还没有收到我们学校的考试结果，截止日期就要过了。我说，非常感谢，但我们没有你们要的考试结果。然后我接到更高级别的人打来的电话，说这项考试是政府规定的。我说，是的，我知道，我也已经在尝试就这个问题与督学进行交流，非常感谢。我不是在默默地抵制，我一直很坦诚，告诉他们我们不会参加考试。我之所以反对，是因为我认为这对我们的学生没有好处，我不认为考试结果提供的信息比老师实时获得的信息更好，也不认为这么做是在有效利用任何人的时间。

加文斯的学校成就非凡，她也因此在全美范围内享有极高的声望，这些可能帮助了她免于因为这样的“离经叛道”而受到惩处。她的学校是最好的进步主义传统的典范，被拍成了纪录片《教会山学校的一年》(*A Year at Mission Hill*)，又被埃文斯维尔大学教育学助理教授马修·诺斯特（Matthew Knoester）写成了书:《实践中的民主教育》(*Democratic Education in Practice*)。诺斯特在书中指出了该校所取得的种种成就，包括超过96%的接受调查的毕业生进入了大学。此外，来自当地家庭的入学申请络绎不绝。每年，加文斯都必须拒绝大约2/3的入学申请，因为她不会在高师生比的政策上做任何妥协。这些成就都可以解释为什么加文斯不仅没有因为她的离经叛道而受到任何惩处，反而被邀请加入各类学区级别的委员会，研究如何让学校拥有更多的自决权。

当家长、老师和勇敢的公立学校校长在2013年站出来反对标准化考试时，就连时任美国教育部长的阿恩·邓肯也承认他们的反对有一些道理。在美国教育研究协会2013年5月的一次会议上，这位教育部长表示，大部分对标准化考试的批评是有道理的，这些考试确实存在一些严重的缺陷。他继续争辩说，解决这一问题的方式不是放弃评估，而是支持更好的评估。

我很高兴听到这种说法。因为更好的评估方式早已存在。在进步主义学校里，我们每天都在实践着。

救救被考试所困的孩子们

坦率地说，对于许多进步主义教育者来说，问责制和评估都是敏感的话题，这是有充分理由的。甚至我们的一些最友好的批评者有时也会因为我们在决定教什么和如何教时会考虑孩子们的情绪状况，而认为我们“不够严谨”。深受欢迎的进步主义教育家阿尔菲·科恩（Alfie Kohn）恰如其分地回应说，那种不考虑孩子们的情绪状况的教学更像是“尸僵”(rigor mortis)。[9]或许那些批评者们只是根据少数不符合进步主义教育传统标准的学校来对整个进步主义教育运动下了判断，因为事实上，进步主义教育的标准恰恰是非常严谨的。

哈佛大学的托尼·瓦格纳（Tony Wagner）是当今被引用次数最多的教育专家之一。瓦格纳是“21世纪学习”（21st Century Learning）运动的先驱。我采访他时，他承认，这场21世纪学习运动与进步主义教育有着深厚的渊源。他说：“做中学、更多地强调技能而不是内容、更多的动手任务以及关注学生动机，这些想法全都是进步主义教育传统中最好的部分。”但与此同时，进步主义教育普遍抵制用统一的标准来衡量我们的教学成果。对此，他认为：“这一直是进步主义教育运动的致命弱点。”

真相往往要复杂得多。最好的进步主义学校毫无疑问会让学生承担学习的责任。不同之处在于，我们的评估不是让孩子去涂答题卡，而是使用更细致、更详尽和更能说明问题的方式来评估学习进度。这些方式包括设置“精熟”的标准，然后让孩子们不断地尝试，直到他们达到这样的标准，此外还包括强调持续的自我评估。

我的同事兼朋友斯科特·杜扬（Scott Duyan）是圣弗朗西斯科普雷西迪奥山学校的校长，该学校是密西西比州以西最古老的持续运营的进步主义学校。他打了个比方说，这种评估方式就像厨师把汤端给顾客之前先自己品尝一下。它传达了这样一个信息，即学生必须为自己的学习承担责任。这种责任是一项必须强化的技能，可以，而且也理应，让学生终身受益。

2004年，我和杜扬为了我们的信念而奋斗，成功挑战了加利福尼亚州独立学校协会（简称“CAIS”）要求其成员执行标准化考试的要求。在美国，独立学校可以自由选择退出联邦政府规定的考试，但许多学校都会参加“综合考试计划”（Comprehensive Testing Program）。该计划由一家全球性的非营利机构“教育记录局”（Educational Records Bureau）管理，旨在保证标准化的学生成绩。在那之前，我和杜扬所在的两所学校由于坚决拒绝此类测试，失去了协会成员的资格，无法与其他独立学校建立联系。我们第一次改变规则的尝试失败了，但我们没有放弃努力。随后我们准备了一个活页夹，里面满是各种研究，证明了标准化考试并非对学习有效的测量手段，并解释了为什么我们的评估方式更有效。如此一来，我们的诉求便更能立得住脚。在接下来的 5 年里，其他教育工作者加入了我们的行列，直到 CAIS 最终做出了对我们有利的裁决，并指出越来越多的人认为强制进行标准化考试“会产生难以预料的后果，学校应该更多地关注怎么组织考试，而不是开发评估工具和深化评估的理念和实践”。

进步主义教育的考试观

在过去的一个世纪里，进步主义学校投入了大量的精力和注意力来开发更有效的评估形式。与一刀切的标准化考试或星期五早上的随堂测验不同，我们偏爱的评估方式有研究支持。在具有里程碑意义的国家研究委员会报告《人们如何学习》中所描述的那样，这些评估“让学生有机会修正和改进他们的思维，帮助学生看到自己在数周或数月的过程中所取得的进步，并帮助教师识别出需要纠正的问题”。

我们最主要的替代方案包括：学生的报告和作品集、教师对学生的学业和社会发展所做的细致的个性化描述，以及由学生主持的家校会。我们希望以此帮助学生更深入地思考他们的发展情况。

现在我会告诉你帕克走读学校是如何使用这些方法的。我得说，即使在进步主义学校中，帕克走读学校在这方面也是非常出色的，因为我们投入了大量的时间和精力，以我们认为真正有意义的方式评估学生，并与他们的父母沟通他们的发展。虽然我们不采用等级评定或者标准化考试，但我们在评估方面同样很严格。

每年两次，每位帕克走读学校的老师都会为他们的每个学生写一份报告，通常长达 14 ～ 18 页。每个年级的学生和他们的家长都会收到反馈（通常包括详细的评语），表明在几十个考查项里他们是否达到、没有达到或超出了预期。基于州政府的要求和本校共识，这些考查项描述了对该年龄学生成长的期待。例如，一年级的学生不是像在传统学校那样简单地在数学、英语和艺术考试中得到一个分数，而是根据社交及情感发展的 14 个不同考查项获得评估。这些考查项包括：表现出对冲动的控制、建设性地解决冲突、对自己的行为承担责任等。除此之外，这些一年级学生还会从“学习、工作和玩耍的方法”下的 22 个考查项获得评估。这些考查项包括：守时、表现出好奇心和学习的热情、按时完成作业、参与富有想象力的游戏等。这些报告之后才轮到学业成绩：语言艺术方面有 30 个考查项，包括读长元音词、读短元音词、说话紧扣主题、带有表情地朗读等；数学方面有 19 个考查项，包括隔 2/5/10 数数、识别和扩展规律、按共同属性进行分类等；科学方面有 9 个考查项，包括提出相关问题、参与小组讨论等。

幼儿园、一年级和二年级学生在每个类别中都会被评为“发展中”“频繁做到（即特别优秀）”“一贯做到”“担忧领域”。其中“担忧领域”总是会有详细说明。更高年级的孩子得到的评语和说明更详细。

帕克走读学校的小学部校长凯伦·科拉里克（Karen Colaric）表示，在每轮评估期间，她需要花费 40 个小时来查看所有报告。她说：“其他学校的老师总是对我们如此细致而又诚实的评估报告感到惊讶。”是的，帕克走读学校的老师偶尔也会抱怨工作量。

多年来，我们的绝大多数学生从帕克走读学校毕业后会进入主流高中就读，在那里他们不得不去适应更传统的做法。认识到这一点，我们为中学生开设了应试课程，以确保他们在离开帕克走读学校时能够应对美国的考试狂热现象。

虽然帕克走读学校看上去很另类，一直坚决抵制标准化考试和等级评定，并煞费苦心地执行我们自己的评估方法，但如果你认为其他私立学校甚至公立学校无法遵循我们的模式，那可就大错特错了。许多学校已经这样做了。来看看位于缅因州波特兰的卡斯科湾高中。该高中被《美国新闻与世界报道》（*U. S. News & World Report*）评为缅因州最佳学校之一。学校使用一种叫作“基于标准”（standard based）的评分系统——基于缅因州政府标准和《共同核心州立标准》所规定的特定技能和概念，结合学生的掌握情况、参与度和努力程度来给每一个学生评级。每门高中课程都围绕 10 ～ 15 个考查标准来设计，涵盖了学生应该学习和掌握的那些概念和技能。学校通过详细的报告单、进度报告和会议，对每一个学生进行每年 10 次的评估，此外还会经常更新学生的在线成绩册。

学生会被告知他们是没有达到学校标准、接近标准、非常接近标准、达到标准或超过标准，而不是一个简单的等级评定。他们有许多不同的机会来展示他们掌握的知识和技能，并整理出一系列实际学习成果来证明对每个课程标准的掌握程度。与通常的做法不同，如果学生表现出他们正在努力学习，他们会在学期结束后获得额外的时间来达到标准。

在俄亥俄州的威克利夫小学，评估方式也与通常的方式大不相同。成绩单里有专门的板块报告学生的团体精神、同情心和教养情况。另外，成绩单上没有单独的科学和社会研究课程的成绩，取而代之的是一个主题学习单元部分，展示了学校对于跨学科学习的重视。虽然在评估细节上要少得多，但是和帕克走读学校一样，威克利夫小学也会定期评估学生在尊重他人权利和感受、为自己的行为承担责任以及以恰当的方式解决问题等方面的学习进展。

我曾与许多学生交谈过，他们非常欣赏那种愿意为僵化的主流规范寻找替代方案的学校。

“我在其他学校有朋友正在为期末考试而学习，他们真的很紧张。”就读于怀尔德伍德学校的十一年级学生奥斯汀·威尔逊（Austin Wilson）说。这是一所位于洛杉矶的进步主义私立学校，招收幼儿园至十二年级的学生。威尔逊在洛杉矶举行的进步主义教育网络大会上做了一个小组发言。他在读八年级的时候从一所私立天主教学校转到怀尔德伍德学校。他说，当与其他学校的老朋友交谈时，他听说很多学生服用治疗多动症的药物来帮助他们完成学业和考试。滥用药物或兴奋剂来辅助学习在全美许多高中如此普遍，实际上已经达到了危机程度。但在怀尔德伍德学校，滥用兴奋剂的情况几乎不存在。

威尔逊是一个有着严肃目标的认真的学生。他把目光投向了芝加哥大学，希望在那里主修经济学。他和他的父母相信怀尔德伍德学校帮他做好了充分的准备。“我们在学校学习的方式让我更重视反思，而不是仅仅在考试中给出一个答案。”他说。学校对其学生的定期但非传统的评估不仅考虑到该学生对内容的掌握程度，还考虑到“心灵和思维的习惯”，其中包括批判性思维、协作能力、从多个角度看待问题的能力以及处事道德。

威尔逊说，他并不担心他可能申请的大学在理解他的成绩单时遇到困难，因为学校提供了一个方程式，将其不寻常的评估转化为分数等级和平均绩点（GPA），以满足大学招生委员会的要求。同时，他说，更详细的评估让他知道，他在哪些具体技能上需要提高。“最终，它的呈现方式非常接近传统评分，但学生对他们的进步有更深入的了解。”他说。

怀尔德伍德学校小学部的另一个学生艾比·李（Abby Lee）承认，有时这种评估会让学生不确定他们在传统评分系统中的表现，但她仍然有着和威尔逊一样的热情。她说："老师用整段评语来描述我的优势和'可以进一步发展'的地方，这可比一个简单的等级评定更有帮助。它让我知道我在做什么，什么地方我可以做得更好。它不仅让我了解自己的表现，还帮助我了解自己作为一个学习者和一个人的状态。"

心的维度

我很高兴看到美国越来越多的私立学校开始研究如何评估一些非常重要的认知和情感技能，这些技能直到最近才成为教育重点。我发现一个特别有意思的发展方向是，自2009年以来，美国越来越多的独立学校采用了一个名为"任务技能"的在线评估方式。该评估由一个名为INDEX（"独立学校数据交换"的首字母组合）的非营利组织和盈利性的"教育考试中心"联合开发。这个不寻常的评估方式旨在衡量团队合作、创造力、道德、韧性、好奇心和时间管理这6个方面。为了防止潜在的偏见，每个方面都以3种方式衡量。首先，学生进行一个小时的测试。测试要求学生提供生活数据，例如他们在指定月份从事某项活动的次数，也会询问学生对各种假想情况的反应。例如，学生会被问到，假设在一个团队项目里，大家都很努力，但一名成员在快到截止日期时提交了质量不好的作业，他们会怎么做。列出的选项是：提交作业而不去担心，建议该同学如何改进作业，告诉老师，为该同学重写作业。然后，针对每个学生，学校的一位熟悉该学生的老师将填写深入的评估。

兰德公司在一份关于测量21世纪技能的报告中赞赏了"任务技能"测试。[10]根据该报告，教师们证实了这种评估有助于建立一种通用语言，使这些技能更容易教授，同时间接地让学生感到自己更有价值。根据最新统计，有112所学校正在采用这一测试，其中包括我在2013年参观的3所学校。

学生在这些测试中的分数不会详细汇报给学生或他们的家长。取而代之的是，教师和学校管理人员用它们来更好地了解自己在教授这些 21 世纪核心技能方面做得如何，并努力改进。

自主自在地学习

在我对进步主义学校的探访中，我反复目睹了一些场景，让我明白在这个对考试狂热的时代里，学生因为教育者对指标的痴迷而不得不失去某些东西。我现在与你分享其中之一。

在威斯康星州麦迪逊的温格拉学校，在一个平均气温零下的日子，4 名一年级学生要求在课间休息时到外面玩雪。他们的老师显然希望他们能选择待在室内，但还是欣然同意了他们的请求。尽管作为一个不习惯寒冷的加利福尼亚人，我很乐意站在暖气旁边，但还是选择跟随他们出去。

仅仅是做好离开教室所需的必要准备就要求我们对“时间”有慷慨的态度，可悲的是，这种态度在大多数美国学校已经少有。想想一个 6 岁的孩子需要多长时间才能穿上雪裤、外套和雪地靴，而又需要多少高级的精细运动控制和手眼协调能力才能拉上拉链、扣上纽扣、系上鞋带。谁能说在孩子成长的这个阶段，花时间做这种需要冷静和精心准备的活动，就不比把相同的时间花在做数学练习或者阅读上更有意义呢?

在外面，孩子们开始继续完成他们前一天开始制作的一个半米高、有着模糊人形的雪人。观看的过程中，我完全被一个穿着粉色毛衣和红色背心的小女孩吸引住了。她锲而不舍地试图用冰给雪人做一个花环。孩子们在室外的这 20 分钟里，这个小女孩做了至少十几次不同的尝试。她全神贯注，一言不发，先试着用一个可以捡起来的冰放在雪人的头上，然后，发现那种方法不行，就试着在雪人的头上雕刻，用她戴手套的手笨拙地在雪人身上掰下冰块。

从这个小女孩的努力中，我可以看到她是如何在一次次的尝试中，缓慢而直接地自学了冰的特性，还有结构的性质。虽然她还没有达到她的目标就回了教室，但她明亮的粉红色脸上的某种表情告诉我，她已经在考虑下次再去外面时该如何改善自己的做法。

Loving Learning

第 6 章

一封请愿书：持续关注社会正义

成功之路总是泥泞满布。

——弗朗西斯 · W. 帕克

“你管这叫学校？”

每次有来访者对教室里的混乱表示震惊时，纽约城乡学校的创始人卡罗琳·普拉特都会有一种恶作剧式的愉悦感。大多数人从未想过学校会是这样的：一群吵吵闹闹的六年级学生冲进了教室，他们的工作服已经磨损，上面还有斑斑点点的污迹，因为他们刚刚就是穿着这身衣服跪在地板上上戏剧课，在工作间里锯木板，在艺术课上做陶艺；他们吵闹地推开桌椅，砰的一声打开储物柜的门，拿出书本，安稳下来开始新的学习；每个人显然都知道需要做什么；通常，房间里唯一安静的人是老师。

正如普拉特在她的回忆录《我向孩子们学习》（*I Learn from Children*）中所写，孩子们的母亲通常似乎压根不会对上面描述的这些场景感到厌烦，相反她们大多数人会很高兴看到自己的孩子如此幸福地忙碌着。同时，她也能想起，偶尔会有某个父亲看起来很震惊，很担心：在那样的混乱中，他的儿子怎么能为上哈佛大学做好准备？

然而，最强烈的反应来自那些习惯了传统课堂的来访教师们。

“你管这叫学校？”[1]普拉特说那些人会这么问她。

打破条条框框

进步主义教育的故事里充满了混乱无序和创新发明，有许多乱糟糟的情况，也有很多失败。深受鼓舞的教育者们反叛过去的条条框框，做出了很多离经叛道的举动，有时他们会获得公众的赞誉，有时他们会遭到公众的谴责。我们愿意质疑传统，这是我们给学生的最好的礼物之一。然而，当我们中的一些人把这种品质发挥到极端时，也让我们在弯路上浪费了太多时间，还虚掷了许多的善意。

卡罗琳·普拉特是进步主义教育运动中最大胆、最鼓舞人心的反叛者之一，但她本人很少做出错误举动。在她的家乡纽约费耶特维尔的一所只有一间房间的校舍里，普拉特开始了自己的教育生涯，那年她才 17 岁。她对孩子们在玩耍时的投入程度印象深刻，同时也沮丧地发现，似乎在孩子们进入传统课堂学习几年之后，他们的这种热情就会逐渐消退。她梦想能有一种新型学校，能够鼓励而不是压制创造力。她写道：“我开始认为教育本身并不是目的，而是人的终身成长的第一步。”[2]

从纽约师范学院毕业后，普拉特于 1914 年在格林威治村建立了她的新学校。那时，那片地区刚刚开始吸引大批的作家和艺术家，他们很欢迎普拉特的各种创新。她抛弃了固定的课表、正式的教学和分数。她在教室里摆满了积木、蜡笔、纸和黏土，鼓励孩子们通过游戏发现和追寻他们的兴趣。后来，她会指导他们阅读、写作和算术，同时还经常带他们到镇上进行实地考察，让他们接触各种真实的工作。

城乡学校成为那个时代最大胆的教育实验室之一，学生和教师都在不断地验证各种假设，欣然地接受失败，然后再次尝试。“我一生都在打破各种条条框框。”普拉特后来写到，“一旦你制定了某个条条框框，你就会受制于它。”[3]其他进步主义教育者们也遵循了类似的道路，开发了很多今天仍然被认为是很前沿的教育理念和教学策略，从理解非结构化游戏在儿童神经发育中的积极作用到以精熟为目的的学习等。这些理念和策略允许学生不受单次尝试的局限，鼓励进行多次尝试，直到他们能够把事情做正确。

最近的一个早晨，我在一家玩具店里闲逛，给一个小朋友挑选礼物，我想起了普拉特和她对蓝图的厌恶。我本来打算买一套乐高积木，但令我沮丧的是每一个产品的外包装上都精美地印着用乐高拼出的某个最终成果：一艘完整的海盗船、一个火箭或一座加油站，还有乐高小人偶出现在相应的位置上。它让我想起今天有多少孩子成长在一个我们成年人假装知道所有答案的世界里，万事都为他们提供详细的指导。虽然蓝图会使教师的工作更可预测、更容易，但它有可能也剥夺了学生的自信，这种自信只有在他们鼓起勇气尝试，经历失败，然后再次尝试之后才会出现。

这个过程也是成为科学家的一个很好的训练。正如斯坦福大学教育研究生院副教授戴维·布雷泽（David Brazer）提醒我的那样，科学植根于实验。然而，尽管美国大力推动让更多学生从事科学研究，但传统的学校里实际上却是更倾向于避免做实验，而更强调在严格的考试中给出“正确”的答案。“除非社区、学校、学区和州政府允许精心构想的实验（以及随之而来的失败风险），否则我们不太可能在提高学生整体表现和缩小成绩差距方面取得实质性进展。”布雷泽说。

最有经验的教师知道如何容忍实验的模棱两可。他们也知道什么时候该退后，假装自己隐形了。这就是我每次观察课堂时都喜欢衡量“教师讲话”与“学生讲话”的比例的原因。当比值向学生倾斜时，通常意味着孩子们正在测试他们的批判性思维能力。嘈杂的教室更难管理，但通常更富成效。

我担心今天太多的传统课堂正在退回普拉特和她的同时代人所认为的如此令人生厌的教学风格：学生安静地坐在课桌前，害怕犯任何错误，认真听讲，而老师则扮演着“讲台上的贤者”。相比之下，正如普拉特所写，在她的学校里，“没有什么是被固定住的，没有什么是一成不变的，甚至是家具；最重要的是，孩子们没有被束缚住！”[4]她欢迎混乱和失败，因为这些让学生和老师都有机会从错误中学习。

像我们所有人一样，普拉特是她那个时代的产物。当进步主义时代进入爵士时代①，普拉特教育中那种招牌式的自由的自我表达和对试错的宽容，日渐融入课堂之外的世界——文学、美术、音乐和建筑。包括萨尔瓦多·达利、雷内·马格利特（René Magritte）、弗兰克·劳埃德·赖特（Frank Lloyd Wright）、斯科特·菲茨杰拉德、尤金·奥尼尔（Eugene O’Neill）和欧内斯特·海明威在内的艺术家们都在大胆地挑战传统，产生了许多经久不衰的杰作，虽然同时也伴随着各种很快被遗忘的失败。正如克雷明所指出的，在许多进步主义的课堂中也是如此。他写道：“任性被当作自由，无计划被视作自发，顽固不化被说成是有个性，晦涩难懂的才是艺术，混乱无序的才是教育——在表现主义的修辞中所有这些都被合理化了。”[5]他写道，并补充说，“应运而生的是关于进步主义教育的各种讽刺漫画，娱乐了至少一代人。”

---

① 一般指 1918 年第一次世界大战结束至 1929 年经济大萧条开始前的这 11 年。——编者注

在接下来的几十年里，这些漫画家们会一再强调，随着教室环境变得越来越松散，社会将为此付出代价。在一幅经典的漫画上，一位长发的年轻医生对一位穿着内衣神情沮丧的年长患者说：“好吧，你看，我去了一所没有正式课程和学分的进步主义医学院，学生们按自己计划的课程学习，所以我从来没有学过任何关于肺、呼吸和诸如此类的知识。”

这幅漫画是在 20 世纪 80 年代画的。彼时，那些担心进步主义的教育革新会带来无政府状态的美国人有了一个鲜活的例证。

这个例证就是夏山学校。

散养的童年

尽管杜威、帕克、普拉特和大多数其他美国进步主义教育的先驱多半都永远不会认可夏山，但它仍然是最著名的进步主义学校之一。这所乌托邦式的英国私立寄宿学校在 1960 年启发了一本国际畅销书，书的副标题是“新的童年观”（*A New View of Childhood*）。在我看来，这也是一个将好的想法做得太过的典型案例。自 1921 年成立以来，夏山学校的做法比任何其他学校都更强化了世人的一种有害而错误的印象，即进步教育等于彻底的纵容。一位作家将其描述为“散养的童年”。[6]

这所学校现在位于英国萨福克郡东部，以三件事而闻名：其不妥协的民主（儿童在决定学校规则时与成年人拥有平等的投票权）、学生自由决定是否要上课，以及该校创始人尼尔（A. S. Neill）提出的各种骇人的观点。对于指责他剥夺了儿童的基础教育的批评者，尼尔回应说：“让算术见鬼去吧。”对于那些指责他拒绝“塑造”孩子性格的人，他反驳说：“没有人足够聪明或足够优秀能来塑造任何孩子的性格。我们病态的、神经质的世界的错误在于，我们已经被定型了。对于已经经历过两次世界大战并似乎还打算发动第三次的成年一代，我们甚至不能信任他们能塑造一只老鼠的性格。”[7]

20世纪70年代，以夏山学校为蓝本的“自由学校”在英国和美国如雨后春笋般涌现，但随后逐渐失去人气。1999年，英国官员试图关闭夏山学校，指控其放弃教育学生的责任。学校在法庭上反击并胜诉。近年来，它吸引的学生里有大约一半来自海外，其中许多来自东亚，他们的父母认为当地的学校过于压抑。东京甚至还有一所夏山国际学校。与此同时，几十所所谓的萨德伯里学校（其中几所位于美国）组成了一个全球网络，也追随夏山学校的模式。第一所此类学校是1968年在马萨诸塞州弗雷明汉成立的萨德伯里山谷学校。这些学校有一个鲜明的特色：没有课表，学生只学习他们想学的东西。在这些学校里，各个年龄段的孩子混在一起，限制家长的参与，学生和教职员工以民主的方式管理学校，每个人都有平等的投票权。

我从未见过杜威点评任何一所具体学校的记载，当然也没有点评夏山学校的记载。不过，我很容易猜到他可能会说什么。到20世纪20年代后期，在没有点名的情况下，他公开表达了对进步主义教育运动中那些最教条的成员的担心，抱怨说“他们抗拒成年人专制的方式是实行儿童专制”。后来，在他的经典著作《经验与教育》中，杜威担心一些进步主义教育者正错误地试图完全消除系统的学科内容，只专注于现在和未来，而排斥过去。

我觉得杜威应该是不会考虑由孩子们来自由决定他们是否出勤上课的，而且，我在此也郑重说一句，我也不会考虑。在杜威之前和之后，主流的进步主义教育者（希望这个表达方式没有显得太过自相矛盾）一直试图平衡学生的认知和情感方面的需求。从我的角度来看，给予年轻人绝对的自由，让他们完全自行决定关于学习的事情，这种做法对于两方面的需求都没有满足。虽然我确实相信，相比于传统学校里的情况，儿童和青少年需要对他们的生活和学习有更多的掌控，但是他们当然也需要一些成年人的规划和指导。

“生活调整”运动之难

杜威在1938年对进步主义学校正在走向极端的担忧被证明是有先见之明的。在许多人看来，在接下来的10年里，这些改革者们过于热衷于“生活调整”（life-adjustment）运动，认为学校应该开始为学生提供更多社会指导。这消耗了他们原已所剩不多的声望。

“生活调整”这个概念正式出现，是在美国教育部1945年的一份报告中。[8] 该报告的作者说，60%的高中生需要学校更多地关注他们的“身体、心理和情绪健康”，关注他们“当下作为年轻人所遭遇的问题”，以及他们“为未来的生活所做的准备”。这当然不是一个坏主意。高中生，尤其是那些不打算继续上大学的学生，在应对诸如找工作和维持亲密关系等挑战时，确实需要实用的建议。

然而，对于在战后日益墨守成规的文化领域中的许多保守派批评者来说，这些新的“生活调整”课程威胁到了古典通识教育的最后堡垒。他们有理由担心，随着学校花更多时间教授体能训练方法、营养知识和约会技巧，花在几何、物理、拉丁语和美国历史上的时间就会减少。

著名教育专家黛安·拉维奇（Diane Ravitch）在她的美国教育史著作《陷入困境的远征》（*The Troubled Crusade*）中描述了“生活调整”运动高潮期的一些典型案例。在俄克拉何马州塔尔萨的一所初中，所有传统学科（英语、科学、数学和历史）被合并成了一个核心课程，叫作“社会关系”。上完课，学生们在商店、实验室或操场上打发一天里剩余的时间。与此同时，加利福尼亚州奥克兰一所高中的学生修读“休闲活动”或“个人管理”课程以获得学分。公众对这些趋势的怀疑越来越多，最终导致人们对进步主义学校避之唯恐不及。

即便如此，“生活调整”运动在现代公立学校中仍然保持着惊人的强大影响力，这些学校继续向孩子们传授合理饮食和性教育方面的知识，同时还提供寻找实习和工作的咨询。我认为应该是这样：作为事实上的社区领导者，学校可以而且必须利用其独特的资源来帮助并指导孩子做出对人生有深远影响的那些决定，尤其是在如此多的父母缺乏时间和能力的情况下。在撰写本书的过程中，我很高兴听到这一运动中最近又增加了新内容：美国疾病控制和预防中心赞助了一个新的项目，以学校为基地，预防青少年发生约会暴力。有证据表明，多达 1/4 的青少年经历过某种约会暴力，而随着时间的推移，这种暴力不可避免地会变得更加危险。因此，疾控中心制定了一项为期 5 年的试点教育项目，重点关注 11 ～ 14 岁孩子，试点选在了巴尔的摩、芝加哥、劳德代尔堡和我的家乡奥克兰的一些地区。我认为这些计划的出现都应该归功于“生活调整”运动，尽管它曾受到非议。

与此同时，这段弯路也带给进步主义教育者关于“适度”的难忘教训。这不是我们唯一一次不得不从零开始，当然也不会是最后一次。

进步主义教育的三个“过度”

无论作为学生、老师还是校长，我一直将错误视为学习的途径。错误不断地助我改善我的生活和教学，我毫不怀疑错误有助于加强教育改革。

话虽如此，我相信我们进步主义教育者犯的三个主要错误值得在这里总结，因为这些错误让我们不得不面对和改变进步主义教育所背负的污名。一切都归结为“过度”：我们的一些学校给了孩子们过度的自由；我们中的一些人给了教师过度的自主权；我们中的一些人为了关注我们所理解的孩子们的情感需求而过度地降低了对他们学业成绩的期望。

这完全是一个平衡问题。

每一种“过度”都源于我们朝着正确的方向前进。每个错误的反面都是一个重大贡献。

第一种常见的“过度”就是让孩子有太多的自由，这是许多意图良好的家庭和学校都容易犯的错误。我们中的许多人依据我们过去与过度专制的父母和教育系统打交道的经历，做出了这种过度反应。事实上，教育方法最有效的学校和家庭都知道要同时提供爱和规则，并理解孩子们需要一个让他们在身心上都感到安全的环境，从而自由地成长和学习。与此同时，正如一个多世纪以来进步主义教育者所认识到的那样，如果没有犯错的自由，孩子们的成长就会受到阻碍。

在帕特尼学校，校长埃米莉·琼斯描述了一种让我印象深刻的哲学，我认为这对我们所有人来说都是一个很好的目标。她说：“我们允许事情变得一团糟。我们不期望每一天都是‘美好的一天’，因为事情并不总是按照我们喜欢的方式发展，孩子们需要学会收拾残局并继续前进。我们有一个完善的、功能强大的安全网，但这个网在孩子们脚下飘着，距离他们有大约 30 厘米。它不是像茧一样包裹着它们。这个地方的设计就是为了不要让成年人时时告诉学生该做什么。每个学生都有不同的课程表。我们不打铃。孩子们需要想办法适应这一切。我们给了他们一个非常安全的、有支持性的环境，让他们自己去探索如何管理自己的生活。”

现在让我们看看第二种常见的“过度”：给予教师过度的自主权，而没有相应的问责制度和团队合作要求。

纵观进步主义教育的历史，进步主义教育者们一直支持教师拥有很高程度的决策权，认为这有助于提高课堂创造力。进步主义学校在运作上通常比大多数学校更民主，这意味着教师在出现分歧时可以更自由地挑战校长。由于进步主义学校对教师高度信任，我们吸引了更多思想独立的人，包括更多的男性。然而，相应的风险是，虽然许多教师（和他们的学生）在一个基于共同决策的系统中获得了很大发展，但这样的环境并不适合每个人。积极进取的教师还必须异常灵活，以便有效协作；否则，教师之间的持续冲突会侵蚀帮助学生茁壮成长的强大社区。因此，进步主义学校的管理人员首先需要对聘请什么样的教师保持敏感，在热情和纪律之间保持平衡；之后，我们必须努力支持牢固的关系，引导教师处理好不可避免的冲突。

这给我们带来了第三个典型的“过度”：有时未能让我们自己和我们的学生达到高标准，尤其是过分强调学生的情感需求，而牺牲了认知和学术上的发展。这就是进步主义学校被贴上“松松垮垮”这一污名化标签的根源。如果我们真的想从错误中吸取教训，就像我们在指导学生时做的那样，我们需要首先评估、批评和纠正自己的表现。

从我与校长和老师们的多次谈话中，我知道这是一个主要问题，许多教育工作者正在努力确保我们足够“严谨”，并与那些认为我们不够严谨的父母更好地进行沟通。“我们需要展现我们的课程是有意义的，并解释我们如何吸引学生进行更深入的学习。”曼哈顿乡村学校的校长米歇尔·索拉（Michèle Solá）说，“我们不马虎，我们有秩序，也有日常规范，以及清晰的方法论。”索拉和其他人提醒我，我们万万不能因为要教授具体知识，就牺牲掉对学生的批判性思维能力的培养。我再强调一次，万事贵在平衡。

神经多样性：一个尚待解决的问题

伯克利家长网络是一个活跃的本地网站，上面能看出家长们对帕克走读学校的热爱。网站上有大量家长们对学校的赞誉，用的都是“了不起”“太棒了”“非凡”之类的形容词。一位家长用大写的“爱”来表达对学校的热情。另一位家长将女儿就读帕克走读学校比作赢得电影《查理和巧克力工厂》中的威利·旺卡的一张金票。还有一个家长将我们描述为“顶级的斯坦福大学预备班式的课堂教育，还包含社交和情感方面的指导”。在这些赞誉里有一个明显例外，它是 2011 年 2 月出现在该网站上的一条评论，每当我读到它时都会打寒战。这条评论来自一位被诊断患有多动症、焦虑症和抑郁症的孩子的家长。在评论里，这位家长讲述了他们为了让儿子继续在帕克走读学校就读而奋斗的故事。他们花钱请了昂贵的家庭教师、治疗师，以及在课堂上坐在他旁边帮助他跟上进度的“影子老师”，结果却发现，如果他们让儿子上公立学校，这些服务可能是免费提供的。

进步主义学校一直引以为傲的是我们在不断稳步增加来自不同族裔和社会经济背景的学生的入学率。回望历史，我们发现更难的其实是使具有严重的学习和行为障碍的孩子们融入进来。这对我来说是“混乱和失败”的一个典型例子，多年来一直推动着我们不断创新和改进。

可以肯定的是，并非所有学校都适合所有儿童，尽管进步主义学校以我们强大、包容的社区而自豪，但我们允许学生的自由程度可能使那些在控制冲动方面有障碍的孩子很难适应。在进步主义教育的大多数时间里，许多私立的进步主义学校对这类孩子都会给出“咨询建议”，让他们去别的学校再看看。这是告诉家长“你的孩子不适合我们学校”的标准委婉说法。我们觉得自己只能这么做，尽管我们意识到这些家长可能已经找过别的学校，也没能找到合适的。他们被小班授课和看上去更友善的环境吸引到私立的进步主义学校，而且他们也已经准备好要做出巨大的经济牺牲来支持他们的孩子。我们也意识到，确实没有什么别的好选择。即使在今天，也很少能找到一所公立或私立学校真正擅长让有重大学习和行为问题的儿童快乐成长。确实，与私立学校不同，公立学校在确定孩子有特殊需求后有法律义务为他们提供额外辅导和其他支持。尽管如此，他们仍不能保证孩子会受到同龄人的欢迎，或者能够适应主流的课堂教育。

另一方面，近年来，美国的国家教育系统在更好地理解学习和行为差异方面取得了长足的进步，也开发出了很多方法帮助这些孩子充分利用在校学习的机会，而不是扰乱课堂，影响他人。我很高兴地告诉大家，我们在帕克走读学校也取得了类似的进展。

1998 年，我们开始投入额外的精力，优先发展这个方面。当时我们聘请了我们的第一位全职教育治疗师伊利亚·普拉特，她在获得特殊教育硕士学位之前曾在帕克走读学校里担任课后老师和代课老师。在接下来的几年里，伊利亚牵头组建团队，到了 2014 年，该团队包括另外两名经过专门培训的教职员工，致力于帮助有学习差异的学生。这 3 位专家定期进行个人筛查和非正式评估，并推荐其他专家和资源。除此之外，他们还帮助培训家长和其他教师，让他们了解各种学习和行为差异。帕克走读学校是圣弗朗西斯科东湾地区第一所为有特殊需求孩子的家长提供支援小组的独立学校。

我们所有的教室现在都配备了工具，可以帮助躁动、冲动的孩子排遣多余的能量，而不会打扰课堂秩序。其中包括可以当椅子坐的健身球，以及一些不容易保持专注的孩子可以玩的小玩意儿，比如挤压球，或者绑在椅子腿上的橡皮筋，从而让他们的手指和四肢有事可做。几年前，我们四年级的一个班级完成了一个特殊项目——制作一大套木制“T 型凳”。就像它们听上去的那样：这是一些形状像一个大写的 T 的凳子。坐在 T 型凳上面的学生必须保持微妙的移动，以免失去平衡，这样可以帮助许多孩子在不得不坐下来倾听时保持专注。四年级的学生们在他们的老师鲍勃·罗林斯（Bob Rollins）娴熟的指导下，自己完成了凳子的所有设计、规划、切割和装饰，既学习了大脑不同部分的工作原理，也学习了木工。

那些在其他学校未能茁壮成长的孩子的父母总是会找到我们，现在更是比以往任何时候都多。到 2014 年，我们将近 1/3 的学生被诊断出患有轻度至中度残疾，包括阅读障碍、多动症和孤独症谱系障碍。虽然我们仍然不能很好地应对那些有严重障碍的孩子，但我们已经大大扩大了可以从帕克走读学校受益的孩子的范围。

“我们最理想的状态是，我们用什么方式回应学生在其他方面的多样性，就用同样的方式来回应学习差异，”伊利亚说，“每个人的学习方式都不一样。因此，每个学生都应该找到他们需要什么，才能做出最好的表现。”

更好地失败

帕克走读学校和美国其他进步主义学校一直在诚实地面对我们不可避免的错误，从中吸取教训并找到应对方法。由此，我们也参与到了一股全美国的潮流之中，这一潮流极其健康且富有成效。戏剧即兴表演者长期以来一直信奉的格言是：“错误是礼物。”最近，美国一些最成功的创新者——硅谷的技术精英们，也接受了这一理念，并在他们的口号中得以体现：“尽早失败，快速失败，经常失败。”正如自称“世界一流的错误学家”的前记者凯瑟琳·舒尔茨（Kathryn Schulz）在 2011 年的 TED 演讲中解释的那样：“我们大多数人一生中大部分时间都在避免犯错，但犯错远不是一种智识低下的表现，犯错的能力对人类的认知至关重要。”

这就是我质疑那些吹嘘他们的学校致力于“为成功做好准备”的人的原因。老实说，我还在等待一所学校能勇敢地标榜自己“为失败做好准备”。这将显示出那些教育工作者的影响力，因为他们明白，在我们复杂的现代世界中，错误和失败会常常带来新发现，带来真正的学习。

进步主义教育者秉持“以儿童为中心”的教育理念，但我们当然不会因此就认为在儿童学习的过程中，教育者永远不应该让儿童感到沮丧或者不舒服。孩子们应该有这些体验，他们的老师也应该有这样的体验。最聪明的老师会尽最大努力建立一种学习文化，来容忍甚至欢迎这种短暂的不适，同时也会坦诚地面对我们所犯的错误，反思我们如何可以做得更好。这就是我们在学习和适应中保持快乐的方式。教师的工作是帮助指导学生学会应对和坚持的方法。否则，我们最终可能会陷入一种文化，就像已经预先设定好的乐高产品一样：看起来闪亮、完美，但缺乏独创性和惊喜。

Loving Learning

尾声

教育的进化：在失败中不断前进

这间屋子里的人可以为世界带来改变。

——苏珊·埃尔布的一年级教室门外的标语

“小绿人”实验

在美国，年复一年，五年级的学生都会在美国历史必修课中学习奴隶制。但是这些 10 ～ 11 岁的孩子中，有多少人真的被这段学习经历改变了？有多少人在投入情感，铭记他们所学到的东西，甚至从中找到了意义？又有多少人真的从这段经历中成长，并因此对那些今天仍然受到压迫的人们寄予同情？

多年前，当我还是一名教师而没有成为校长的时候，我就为回答这些问题做出过很多努力。后来，依托这些年的经验，我和我的同事阿吉·布伦尼曼（Aggie Brenneman）老师一起设计了一个至今许多人仍记忆犹新的项目：“小绿人”实验。

一天早上，在没有任何通知的情况下，我们将五年级的学生根据姓氏的第一个字母分成了两组。A 到 M 的学生获得了令人梦寐以求的特权，他们享有额外的课间休息时间，可以选择教室前排的座位，可以优先取用零食和艺术课上要用到的材料。这些学生还可以在课堂上随意走动。N到Z的学生则不享有这些特权，并且在课堂上还得坐得规规矩矩。他们每个人都拿到了一个绿色的领带，他们必须戴上这个领带以表明他们“小绿人”的身份。

孩子们很快就进入了状态，并且态度非常认真。这让布伦尼曼和我都感到很惊讶。那些获得了特权的孩子们很享受自己的新身份，一点也不想和“小绿人”分享自己的特殊待遇。同时，那些“小绿人”们则纷纷缩成一团，呆坐着。

这种状况持续了两天。到了第三天早上，当学生们来上课时，布伦尼曼和我宣布我们犯了一个错误。我们告诉学生们，其实我们是想让被分配到“小绿人”组的那些孩子们享有特权。所以现在轮到原来特权组的孩子们戴上绿领带了。

听到我们的话，孩子们一开始非常震惊，但很快他们就进入了新的角色。这一次，他们又让我们感到惊讶。我们曾想象，那些已经知道了被压迫是什么滋味的特权组学生会对新一批的“小绿人”们抱有更多的同情。有几个孩子确实这样做了，他们从自己的零食储备里拿出一些偷偷塞给了“小绿人”们。但是大多数人却更渴望报复。有一次，一个新加入“特权集团”的男生撕了一张纸扔在地板上，然后命令一个“小绿人”把它清理干净。此后不久，一些“小绿人”扯下了他们的领带以示抗议。那天晚些时候，这批新的“小绿人”们在家里互相打电话（那时还没有社交媒体），策划了一场反叛行动。他们约好了时间，打算在第二天早上集体走出教室，在校园里集会。布伦尼曼后来得知，连她自己上一年级的女儿也加入了这场“阴谋”，要去“推翻特权组”。

老师们和家长们一直保持着密切的联系，所以很快就听到了风声。在反叛还未开始之前，我们就把它消灭了。我们宣布结束实验，并把孩子们都集合起来，一起回顾在这个实验里我们学到了什么。

我再一次地感到了惊讶。这一次是因为学生们的反应以及我的反应背后强大的情绪能量。当天我们用了两个小时时间，第二天又用了一个小时，来让每一个孩子都有机会表达。孩子们表达了愤怒、沮丧和痛苦。一些孩子泪流满面。最后，每一个孩子都为自己对待“小绿人”的方式感到震惊和羞愧。

毫无疑问，“小绿人”们的经历绝不可能和奴隶们所遭遇的苦难相提并论。然而，当这些孩子们在学到奴隶制的内容时，因为有过这样的经历和情绪，他们的投入度有了根本性的不同。

没有一位家长抱怨过这项实验，反而还有几位家长为我们的实验喝彩。即便如此，布伦尼曼和我还是认为这种角色扮演对这么小的孩子来说造成的心理创伤太大了。我们再也没有重复过这个实验。然而，如果当时我有先见之明，我可能不会决定取消实验。在我写这本书的过程中，布伦尼曼写电子邮件联系了几位当年的“小绿人”。他们现在都已经40出头了，每个人都清楚地记得这个实验，并且其中有好几个人坚信，这个实验给他们的人生带来了积极的改变。

目前，布伦尼曼的女儿艾米拥有一家制造手袋和时尚配饰的公司。这家公司将其利润的一部分捐出来，向东南亚地区的集束炸弹受害者提供帮助。另一位曾经的“小绿人”约翰·科内特（John Cornet）现在是俄勒冈州一所高中的教师。他在自己的学校里创建并指导一个“学生争端调解”项目，前几年他还获得了俄勒冈州年度教师奖提名。还有一位“小绿人”叫提艾拉·福缇（Tierra Forte），她在一家公平贸易有机服装公司工作。她的丈夫杰西·西蒙斯（Jesse Simons）也是当年的一位“小绿人”，现在担任塞拉俱乐部的总干事助理。“我不能说就是那一次经历促使我从事了今天的工作，但我想说那次经历是一个极好的例子，展现了帕克走读学校如何培养我们成为一个有社会意识的人。”西蒙斯说，“这些事情在我们那么小的年纪时就留下了印记，让我们对系统性压迫的感觉有了一点小小的体会。这带来的影响一直伴随着我。”

即使是那些没有直接从事与慈善有关的事业的学生们也表示，“小绿人”的经历对他们的成年后生活依然有很大的影响。珍妮·雷文（Jenny Raven）是圣弗朗西斯科东湾地区著名的糕点师。她称那次实验是“我一生中最有指导意义、最能产生共鸣的经历之一”。虽然她的日常工作与社会事业无关，但她说：“每当我看到不公正的事，如果有人受到不公平对待时，我都会觉得我有责任为他们发声。”

不只是社区服务

进步主义教育一直鼓励学生对社会问题主动关注并积极参与。从很多方面来说，这种传统如今更是前所未有的重要。从急剧变化的就业市场，到日益加剧的气候变化风险，美国年轻人的未来正面临着许多前所未有的挑战。尽管如此，年轻人对政治的冷漠却日益上升。根据各种报道，他们在面对严峻的社会问题时常常感到不知所措，他们也怀疑当前的政治领导人是否真的在认真解决这些问题。美国现在的选民投票率，尤其是年轻人群体，是世界上所有民主国家中最低的。在竞争激烈的 2012 年总统大选中，18 ～ 24 岁的选民投票率仅为 41%。[1]

与过去几代人相比，美国今天的年轻人更少参与社会运动或者竞选公职。知名的选举事务专家柯蒂斯・甘斯（Curtis Gans）将其归因于美国城市的教育质量下降。很多调查也表明，人们对日常新闻中的重大事件普遍缺乏关注和了解。

不幸的是，问题还不止于此。《纽约时报》在 2014 年 3 月的一篇文章中引用了皮尤研究中心的一项调查，揭示了一些令人不安的发现。这项调查发现，美国千禧一代（年龄在 18 ～ 33 岁之间的一代人）对传统社会结构，例如政党，甚至婚姻，都越来越不感兴趣。这个年龄段的人中有一半人自称是政治独立人士，29% 的人表示他们没有宗教信仰。千禧一代中，已婚的不到 26%。与之形成对比的是，婴儿潮一代在该年龄段时，已婚比例为 48%，而沉默的一代在这个年龄段时，已婚比例为 65%。在我看来最可悲的是，只有 19% 的千禧一代表示他们认为社会上大多数人是值得信任的，而婴儿潮一代里有 40% 的人这样认为。[2]

如今的孩子经常把自己所享有的一切都视作理所应当的，我这一代人中的很多人对此都深感焦虑。研究发现，如今美国的年轻人越来越缺乏同理心，越来越想赶快致富。治疗师玛德琳·莱文在洛杉矶召开的会议上告诉我们，她遇到的一个8岁男孩告诉她，他渴望成为一名风险投资家，而另一个同龄的女孩说她的梦想是嫁给一个风险投资家。玛德琳描述了她的痛苦，因为她意识到“过去我在咨询室里常常听到的是孩子谈论如何让世界变得更好……那个时代已经结束了”。

令我忧虑的是，美国大多数传统学校，甚至一些名义上秉承进步主义教育理念的学校，对这种现状都负有责任。在公共服务方面，大多数学生所做的无外乎就是敷衍地花上几小时时间，做一些诸如给无家可归者送些吃的，或者清理一下流浪动物的笼子之类的事情，目的是应付学校的要求，或者是在大学申请书里有可写的东西。与此同时，大多数学校也严格回避在课堂上讨论任何政治话题，部分原因是，在一个日渐两极分化的时代里，老师和学生担心讨论这些话题会疏远家长。这种情况也进一步减少了学生们参与社会性事务的积极性。

与此相反，我相信教师们可以而且应该培养孩子们的社会责任感，并为他们提供一些基本的工具，让他们能够为美国的政治制度做出贡献。这意味着教师应该教学生如何理性地辩论、抗议、写请愿书，就像木匠指导他们的学徒使用台锯和钻床一样。这也意味着要激励他们去关爱他人。奥巴马总统在当年就职参议员之后曾访问过自己位于夏威夷的母校普纳荷学校。[3]他追忆起了自己曾经上过的一堂伦理课。课上，老师引导学生们去反思这样一些问题：生活在一个多元的社会意味着什么？用尊重和有尊严的方式对待他人意味着什么？对于那些不如我们幸运的人，我们亏欠了他们什么？要建立一个对人人都有益而不是仅仅对少数人有益的社会，我们应该坚持什么样的主张？

在帕克走读学校，我们最关注的事情之一就是让我们的学生感受到一种自主动力，让他们意识到自己可以改变世界，并且有责任去尝试。在全美各地的进步主义学校里，很多老师也持有相同的理念。我们和他们一起，通过大量的早期实践，培养孩子们的社会意识、同情心和利他主义。我们所做的努力不仅是进行像“小绿人”项目那样的实验，还包括一些更加雄心勃勃的慈善项目。我最喜欢的项目之一是在缅因州波特兰的一所进步主义公立学校卡斯科湾中学每年举办的活动。该学校每年都会将十一年级的学生送到像飓风后重建的新奥尔良，或西弗吉尼亚州的煤矿社区这样的地方，开展社区服务项目并拍摄纪录片来反映那些贫苦人们的生活。卡斯科湾中学的学生自筹资金支付他们旅行的所有费用，这证明了并不只是在学费高昂的学校才能参加这样的传统学校里少见的社会活动。另一个例子发生在奥德赛特许学校，这也是一所进步主义学校。这里的小学生每年举办慈善集市，出售由学生创办的企业生产的商品，例如围巾、钥匙扣和毛绒玩具等，年收益能有好几千美元。学生们会把这些收益中的一部分捐给学校，其他的则捐给他们之前已经深度调研过的 4 家当地的非营利机构。

研究表明，这些做法可以对儿童的未来产生重大影响。2013 年的一项研究证实了禅修导师们一直以来的一个观点：假以时日，人的同理心是可以被训练出来的，利他主义倾向也会因此而增加。研究人员还不断地发现，无论是处在哪个年龄段，当人们能够看到自己正在学习的东西的用处，并意识到自己能够运用所学给本社区的其他人带去积极的影响时，他们就会更有动力去学习。[4]

正因为知道这些，所以在帕克走读学校里，每当我发现学生明明已经意识到了一些不公正的事情正在发生，却迟迟不来找我请愿去加以改善之时，我总会感到很失望。不过令人高兴的是，这种情况很少见。因为学生们知道我总是愿意倾听他们的声音，所以他们会毫不犹豫地敲我的门。有这么一个看似微不足道但却很难忘的例子。几年前，一群二年级学生交给我一份签名请愿书，要求减少每个学生荡秋千的次数，一个学生荡几次就应该让给下一个学生玩。我鼓励他们一起来解决这个问题。毕竟，他们才是校园秋千专家。于是孩子们就去这么做了。最后，他们提出了一个新的轮流荡秋千的协定，并沿用至今。

我并不会对学生们的请求一概批准。当一些中学生游说我取消学校禁止爬树的规定时，我不得不跟他们解释这些树太老了，枝干都很脆弱，经不起他们的折腾，而且帕克走读学校的保险公司也经不起这样的折腾。尽管如此，我相信这些孩子们虽然没能得偿所愿，至少也感受到自己的意见被倾听了。

除了致力于为孩子们提供一个安全、健康、有助于他们发展技能与想象力的学习、玩耍环境，帕克走读学校还致力于成为一座政治意识和政治参与的灯塔，这既体现在我们作为学校的立场上，也体现在我们教育孩子的方式上。我们是一所私立学校，却自认为心怀重要的公共使命。

我们不会主动引发争议，但我们也不回避争议。这正是我们的进步主义教育理念的重要组成部分。

我们向来如此

伴随着美国工业革命的发展，城市中悲惨的状况加剧，这引发了大众前所未有的关注和各种公众行动。1887 年，丹麦裔美国记者雅各布·里斯（Jacob Riis）利用新发明的闪光粉摄影技术，拍摄了那些黑暗的街道和昏暗的公寓，用以记录纽约贫困的下层阶级民众的生活，并将这些照片收录在了他里程碑式的著作《另一半人如何生活》（*How the Other Half Lives*）中。西奥多·罗斯福称这本书带来了“启蒙和鼓舞”，很多人也深有同感。1889 年，社会工作者、未来的诺贝尔和平奖获得者简·亚当斯（Jane Addams）在芝加哥西区帮助建立了美国最早的“睦邻之家”项目。这个想法起源于英国，认为社会上那些处在优势地位的公民应该在贫困的城市社区定居，以帮助改善当地居民的生活，研究他们贫困的根源，并游说改革。这些建在贫民区的定居点为新移民提供健康服务、工作咨询、英语课程，甚至为移民子女提供一些教育项目。

沿着这条路径，亚当斯成为进步主义教育运动的创始人之一。她的运营中心被称为赫尔之家（Hull House），以其建造者查尔斯·赫尔（Charles Hull）的名字命名。到 1900 年，它已经发展成一个包含了健身房、游泳池、书籍装订室、职业女性的工作间，以及一个劳工组织的聚会场所的综合空间。亚当斯写了非常多的著作，也做了很多公众演讲，来让更多人知晓自己的这些努力。她还和自己的 6 名受过大学教育的女性同事一同成功游说了各项改革，其中包括建立了全美第一个未成年人法庭。亚当斯激烈地反对美国卷入第一次世界大战，并于 1919 年创立了国际妇女争取和平与自由联盟。1931 年，简·亚当斯获得了诺贝尔和平奖。

亚当斯相信学校应该唤醒孩子们的社会良知，也是这个观点最早且最坚定的支持者之一。她批评那些把孩子的学习限制在书本里的老师没能让学生“对生活和自己的关系有任何理解，也没有赋予他们任何能力去和这样的生活建立起有益的、明智的联结”。对于那些注定要进入工厂工作的年轻人，亚当斯的目标之一是让他们学习并更好地理解劳资关系的历史脉络和动态发展，这样他们就不会仅仅沦为大机器上的一个个小齿轮。她希望这些年轻人可以为自己的工作注入社会的良知，这会使他们的生活更有意义，同时也有助于创造更好的工作条件。“在一家现代的裁缝店里制作一件大衣需要 39 个人。如果这 39 个人本着‘团队合作’的精神来生产一件外套，将使整个过程比一个老裁缝独自工作要更令人兴奋。这就好比一个男孩在一个 9 人的棒球队里打球，要比一个人对着谷仓丢球更能让他开心”。[5]

与亚当斯在芝加哥建立赫尔之家大约同一时期，菲利克斯·阿德勒（Felix Adler）在纽约成立了道德文化协会。阿德勒当时年仅 24 岁，他发起了反对使用童工的运动，并致力于为那些居住在拥挤不堪、疾病肆虐的公寓楼里的居民改善生活条件。他与其他人一起创办了一家公司，在曼哈顿下东区建造低价的样板公寓。1878 年，他建立了一所免费的幼儿园，将之命名为“工人学校”，几年后更名为“道德文化学校”，至今仍在运营。阿德勒表达的观点与亚当斯遥相呼应。在 1902 年，他曾这样说道：“学校的理想不是培养个人去适应现有的社会环境，而是使个人有能力改变他们所处的环境，使其更符合道德理想。”[6]

进步主义教育运动的旗手杜威也一直支持学校应该发挥重要作用，来唤醒学生的社会意识，鼓励学生参与社会活动。杜威毫不掩饰自己强烈的政治观点。与其他许多进步主义教育改革者一样，他认为工业化给一小部分人带来了巨大的财富，却没能让整个社会受益。他将美国的两大政党斥为“大公司的小跑腿儿”。他曾担任劳工和社会主义组织“人民游说团”的主席，并试图创建第三政党去参加 1948 年的美国总统选举。

进步主义教育中这个充满政治色彩的“社会改造主义”流派已经延续了几十年。威廉·艾尔斯（William Ayers）和安吉拉·戴维斯（Angela Davis）出席我们 2013 年的大会便证明了这一点。尽管如此，正如我之前提到的那样，即使在杜威的声望达到鼎盛的时期，这样的主张也从未被广泛接受。到了 20 世纪 50 年代，国际大背景进一步加深了我们的分歧：一部分进步主义教育者希望学校能够帮助重塑社会，另一些人则渴望学校远离政治。这种分裂持续至今，甚至可能随着美国政治的进一步两极分化而一直扩大。我明白这背后的原因，但每每看到这么多进步主义学校的校长犹豫是否要把训练学生的政治参与能力当成学校工作的重点时，我就会深感沮丧。

尽管一些教育机构一直在做着勇敢的尝试，但太多的机构满足于将他们的政治参与限制在最安全的活动中，例如让孩子们观看关于凯萨·查韦斯（Cesar Chavez）的视频，或背诵马丁·路德·金的《我有一个梦想》演讲稿。我想，这本不应该让我感到惊讶，但我希望在我采访的学校领导者中能有更多人在定义何谓进步主义教育时，会强调或者至少会提到他们的社会正义目标。我理解他们的沉默也是因为我们整个社会日益回避社区参与和社会行动，但我仍然认为无论是通过我们的身体力行，还是通过我们传授给学生的课程，学校理应为推动社会正义发挥更大的作用。

言行一致

作为成年人，无论是老师还是父母，我们知道学生和孩子在不断地观察着我们，审视着我们，看我们是否表现出了虚伪或者言行不一的迹象。我们的责任重大，特别是考虑到一些学校在其使命宣言中提到社会行动时所使用的那些高调措辞。比如坎布里奇友谊学校表示："我们希望所有的学生都能发展他们在智力、体力、创造力和精神方面的潜力，并以他们的生活为榜样，去挑战压迫，为世界的正义和相互理解做出贡献。"位于纽约的菲尔德斯顿文化伦理学院在其网站上发布的使命宣言中称，它的目标是培养学生成为"充满激情的学习者、批判性的思考者和有道德的人，他们将努力让世界变得更加人道和公正"。

令人高兴的是，有很多学校已经成为努力去实现这些愿景的典范。甚至在民权时代之前，就有几所进步主义学校成为第一批招收非裔美国学生的学校。普雷西迪奥山学校从 20 世纪 40 年代就开始招收不同宗教、种族背景的学生，是圣弗朗西斯科第一所这样做的独立学校。成立于 1945 年的乔治敦走读学校是华盛顿特区第一所种族融合的学校。一群理想主义的父母于 1946 年在弗吉尼亚州亚历山大创立了勃艮第农场乡村走读学校，它早在 1950 年就开始积极招收非裔美国学生。今天，正如我在之前章节所讲述的，许多进步主义学校在其他各种多元性的社会议题上领军全社会。

有时，学校的选址也很能说明问题。在帕克走读学校刚建校的头几年，我们决定把学校建在奥克兰，而不是更富裕的伯克利，并且是建在奥克兰的“平地区”，而不是相对条件更优越的“山区”。我们希望这样的选址可以更容易吸引到并留住那些工薪阶层的家庭。类似的情况还有位于加利福尼亚州范奈斯的儿童社区学校。它成立于 1972 年，坐落在一个附近大多是廉价的多单元住宅的社区。在秉承进步主义教育理念的公立学校中，波士顿的教会山学校在 1997 年成立于历史悠久但在当时犯罪率很高的牙买加平原（Jamaica Plain）社区。还有纳马斯特特许学校，招收幼儿园到八年级的学生，虽然没有正式地声称自己是进步主义学校，但遵循着许多进步主义教育的核心原则。这所学校于 2004 年在芝加哥萧条的西南部成立，主要招收来自低收入拉丁裔和非裔美国人家庭的儿童。

很多时候，学校的选址还反映了它们对环境问题的强烈重视。[7] 佛蒙特州的帕特尼学校和弗吉尼亚州的勃艮第农场乡村走读学校都建在受保护的农田上，学生们在那里可以有大量的时间待在户外，照顾动物，研究大自然。1967 年，勃艮第农场乡村走读学校购得了占地约 200 公顷的勃艮第野生动物研究中心，学生们现在可以在那里参加一年两次的沉浸式课程。曼哈顿乡村学校成立于 1966 年，有两个校区，分别位于上东区和纽约罗克斯伯里的一个农场。而位于加利福尼亚州圣莫尼卡的十字路艺术与科学学校为其环境项目设立了三个全职岗位，这个环境项目包括了过夜的多日旅行，让学生可以进行实地研究和社区服务。还有华盛顿特区的国会山走读学校，它每年会组织大约 20 次实地考察，让学生接触大自然。

学费政策也是私立的进步主义学校体现自己理念的一种重要方式。许多学校，尽管嘴上说得漂亮，但都坐落在富裕的郊区，收取高昂的学费。针对这种情况，在我们 2009 年于华盛顿特区举行的双年会上，来自得克萨斯大学泛美分校的教育领导力副教授弗朗西斯科·瓜哈尔多（Francisco Guajardo）严厉指出，我们必须更加努力地工作，以使我们招收的学生更能反映出美国的种族和经济多样性。

和那些学校不同，很多的进步主义学校，也包括帕克走读学校，很自豪地推出了积极的财务援助计划，用以保持学生在经济条件和种族背景上的多样性。保持这种多样性远非为了装点门面。在范奈斯的儿童社区学校，尼尔·赖特森提到，有超过 40% 的学生获得了经济援助，这项支出占到了每年学费收入的 1/4。对那些来自弱势群体家庭的学生，学校提供了免费的热午餐，也免除了他们校外考察学习的费用，包括我之前提到的去夏威夷学习岛屿文化的旅行费用。赖特森告诉我："我们的政策是让每个学生都能参加每次旅行，因此超出他们经济能力之外的费用（有时是全部费用）由我们承担。"

我最喜欢的例子是曼哈顿乡村学校，它处理学费的方式最能体现进步主义教育理念。对五至八年级的学生，这所学校每年收取的学费最高是 39 900 美元，可是它的学生无论在种族背景还是家庭经济条件上都非常多元。为保持学生多元性，许多进步主义学校都有令人自豪的奖学金或者助学金计划。然而，曼哈顿乡村学校走得更远，它收取学费采用的是按比例浮动制。学校要求所有家庭，无论贫富，每年都提交一份保密的财务报告。然后学校根据其支付能力为每个家庭设定学费。詹妮弗·摩根·贝内特（Jennifer Morgan Bennett）是一位大学教授，也是一个有色人种孩子的母亲。在她看来，按比例浮动制意味着"用一种极端的方式"打破了这样一种观念，即"富人的孩子被录取是因为智力上的优势，而穷人的孩子只有赢得了一个奖励才能被录取"。[8] 这种机制的意义在于，每个家庭都根据自己的能力承担教育孩子的费用。对那些支付全额学费的家庭，不论他们是从什么时候开始付全额学费的，都不再比其他人更“天然地”享有教育带来的好处。这种制度更意味着，我们的学校是一个由各种家庭组成的社区，我们一起努力为所有的孩子们提供更好的教育，而不只是为了自己的孩子。更具体地来说，对于詹妮弗的女儿艾玛，这样的学费安排意味着她的童年里，过夜派对有时在价值百万美元的豪宅里，有时在小公寓里；而和朋友一起出行有时乘地铁，有时坐豪华轿车。她会因此懂得，为了友谊和社区，人们可以弥合巨大的差异。

曼哈顿乡村学校鼓励这些体验，为此它有很多举措。比如学校要求每个刚满 5 岁的孩子都要在自己的家中招待全班同学吃一次午饭。这会带给孩子们一种简单而深刻的体验，让他们接触到各种各样的文化和经济环境。当关于差异的问题出现时，老师们会公开予以讨论，让学生们有一个安全的地方来反思刻板印象和严酷的现实。曼哈顿乡村学校的校长米歇尔·索拉就是这样将她的信念付诸实践的。正如她在我访问她的学校时所说的那样，进步主义教育“为民主的各种可能性服务。它承认社会还不完美。它努力去实现民主的各种可能性，并识别出不协调的地方。在这个过程中，教育帮助人们更具创造力和行动力，让人们因此对变革充满希望”。

虽然帕克走读学校还没达到采用按比例浮动学费的程度，但是我对学校在两个方面的做法还是很自豪的。其一是我们一直致力于推动帕克走读学校学生群体的多元性，迄今为止做得不错；其二是我们和本地的几所公立学校建立了稳固而具有开创性的合作关系，是全美同类的合作项目中最稳固的项目之一。

我们在奥克兰的校址紧邻奥克兰技术高中，和爱默生小学也在同一条街上。这两所公立学校都有很高比例的学生来自低收入家庭。我们和这两所学校以及其他几所学校正在进行一个合作项目，让他们的学生也能享有帕克走读学校的学生所拥有的一些待遇。我们也希望帕克走读学校的学生们不要将这些优越条件视作理所当然。一个例子是我们一年一度的图书活动。每年我们都会募集多达 3 000 本儿童图书，捐赠给当地的一所公立学校。在这个过程中，许多帕克走读学校的学生都会直面这样一个现实：他们家里的书比我们附近一些学校图书馆的书还多。

开展类似这样的活动时有一个敏感的话题，我们也经常讨论，就是如何避免出现一种所谓的“贵族的义务”，也就是说，怎么才能不让那些家庭条件优越的孩子感觉自己有资格去做一些事，同时不让那些家庭条件不那么优越的孩子感到尴尬，有受人恩惠之感。黛博拉·迈耶和其他进步主义教育的领导者提出了一个很好的观点。他们认为，在我们国家实现一些根本性的结构性变革之前，学费补助以及构建合作关系这样的举措只会产生相对较小的影响。

在我看来，这也是我们作为教育者必须确保新一代的年轻人有足够的工具和能力领导社会变革的原因。

阶级意识

对于大多数进步主义学校里的学生来说，一个永恒的主题是他们可以改变世界，而且他们有义务这样做。我在马里兰州科利奇帕克的友谊社区学校的同仁阿德里安娜·墨菲（Adriana Murphy）对我说：“我们所做的一切都有一个社会目的。比如，当我们教孩子们写作时，目的不仅仅是完成作业，而是与社会互动，能够和其他人交流彼此的想法，用教育来使世界变得更美好。”通过这种方式，学生们会意识到我们期待他们做出贡献，不仅是在毕业之后，更是在此时此地。

在对此特别重视的学校里，“社区服务”可不是清单上一个做完就算了的事项。墨菲教的七年级学生必须仔细地研究当地的各家非营利组织，然后再选择将他们的社区服务时间投入到哪一项事业上。到八年级，学生们会继续学习如何为他们所信仰的事业提出主张。他们会在校外导师的支持下，协助一家社会机构推动自己感兴趣的社会变革。学生们会深度参与很多活动，比如写信给国会议员或者某位报纸的编辑。墨菲说："对我来说，当公民们有了更多的时间去感受民主的价值，民主才能发挥出最好的作用。"她补充道："从12岁或13岁开始感受就是一个不错的起点！"

大多数进步主义教育者认为，引导学生明智地理解时事并作出回应是他们工作的一部分。在许多学校，甚至是学生在起带头作用。康涅狄格州纽敦的桑迪胡克小学发生了枪击案，导致20名儿童和6名成年工作人员死亡。事发后仅仅几天，菲尔德斯顿文化伦理学院的高中生们便成立了一个反对枪支暴力的委员会。在接下来的一年里，大约有30名学生与6名教职员工定期会面研讨（通常是每周一次），他们还参加了在市政厅举行的抗议集会以支持新的枪支管理法案，并给州议员们打电话和发电子邮件。2013年12月，该组织举办了一场主题为"结束枪支暴力"的校园日活动，由学生、外部的演讲者和教职员工主持了多场研讨会。

这并非个例。该校的学生还结成小组为海地和塞内加尔募捐。在用水力压裂获取页岩油气、化石燃料撤资、性别和跨性别等社会议题上，学生们也积极参与，以求唤起公众的关注和行动。"并不是老师们在敦促孩子们这样做，"学生主任南希·班克斯（Nancy Banks）说，"这是学校使命的一部分，培训学生们走出去并改变世界。学生们知道，在这所学校里他们可以带来改变。学校和社区也很支持学生们的社会行动，支持他们为社会公正所做的努力。所以老师们要做的往往只是不碍学生们的事儿。"

直接体验可以调动孩子们的情绪，增加动力。因此，在马丁·路德·金日，曼哈顿乡村学校的学生会与家长和老师们一起在纽约的街道上为民权游行。该校有两位校友创办了自己的特许学校，服务纽约的弱势群体家庭的学生，这完全不让我感到意外。

在帕克走读学校，与我们的其他的教学内容一样，我们格外关注学生的发展阶段，以适合的方式让他们参与到与社会正义有关的项目中。对幼儿园和一年级的孩子们，我们的老师们会鼓励他们开始关注其他孩子的感受，随后进一步引导他们多角度思考问题。

到了二、三年级，学生们会调查家族史，从文化差异、移民和公民权利等方面讲述他们的故事。到了四、五年级，学生们了解媒体意识，了解什么是刻板印象，以及如何从不同的角度考虑问题。到了中学阶段，学生们会学习到偏见和不宽容带来的影响。他们参与诸如“自愿沉默日”之类的活动，体验不被倾听的感觉是什么样的。

在整个这段时间里，学生们不仅仅是在学习。他们在午餐时间到校园里捡垃圾，辅导更小的孩子数学和阅读，给学校的图书分类或贴标签，参加学校一年一度的六年级戏剧表演……无论是哪一种活动，他们都积极地参与。

这些戏剧可都是大制作，在过去几年中，它们也一直充满政治色彩。多年来，这些剧都是由三个人写的：和我一起设计“小绿人”实验的阿吉·布伦尼曼、哈丽特·科恩和我。主题包括美国劳工运动、民权斗争、1929 年的股市崩盘、水门事件等。有一出戏的开头是甘地、纳尔逊·曼德拉和马丁·路德·金在一起，讨论那些权利被剥夺的人。

最令我们难忘的剧目之一是 2002 年为“9·11”恐怖袭击事件而制作的《理解之旅》(*A Journey to Understanding*)。我们的教职员工都认为，我们需要特别深入地反思这场史无前例的灾难以及引发的两场战争。我们的大部分学生和全美其他的学生一样，都不了解这些怪异的袭击者是谁，不知道他们为什么要袭击我们的国家，也不知道我们入侵他们的国家希望达到什么目的。这出戏成为一个机会，帮助孩子们了解所有这些问题，去面对他们的恐惧和悲伤，并生出一些希望。

在“9·11”恐怖袭击事件后的几天里，布伦尼曼让她的六年级学生写下了他们的感受。他们的回答成为该剧的开场歌词，配上了我们的音乐天才科恩谱的曲。随着剧情的推进，故事里的学生们想要了解更多，最后他们决定前往阿富汗一探究竟。在戏剧结束时，故事里的孩子们得出了结论。他们认为阿富汗人民：

> 想给他们的家人食物和住所
>
> 让他们的孩子拥有健康、平静的生活。
>
> 通过教育追求自己的梦想
>
> 并过上不受压迫的生活
>
> 你我不也都有一样的梦想吗？
>
> 虽然有些东西把我们分开
>
> 但在这个全球社区
>
> 还有更多的东西让我们相连。
>
> 而知识会给我们
>
> 智慧与力量
>
> 去为世界应有的样子而努力。

佐伊·默瑟－戈尔登（Zoe Mercer-Golden）是当时六年级的学生，是一名犹太人。她清楚地记得那两个月里她和她的朋友们穿着阿富汗的服装，表演阿富汗的歌曲和舞蹈。然而，那一年对她影响更大的事情是，她了解到在“9·11”恐怖袭击事件之后，美国有非常多的中东人成了暴力案件的受害者，被人仇恨和敌视。她的朋友有锡克教的亲戚，他告诉她，戴着头巾的锡克教徒在街上遭到了袭击。佐伊回忆说：“我和我的朋友们都惊呆了。有什么样的深仇大恨，会让人去攻击无辜的人？”“9·11”恐怖袭击事件发生两个月后，这群孩子们组织了一场名为“为接纳行走”的游行，为仇恨犯罪的受害者筹款。他们在午休时间制作传单和海报，并在老师的支持下到其他教室邀请学生和家长参与。学校的活动和志愿者协调员凯茜·希尔兹（Cathy Shields）给当地报纸记者打了电话。最后，超过 200 人加入了这场游行，大部分来自帕克走读学校。佐伊和一位朋友在梅里特湖的岸边发表了他们作为社会活动人士的第一次演讲。他们为自己的事业筹集了 3 000 美元，捐给了当地一家阿拉伯和穆斯林公益组织运营的热线。

“直到第二年我换了学校，才知道这一系列的经历是多么不寻常。”佐伊告诉我，“我的新学校虽然帮我们为上大学做准备，但是没有一个同学对阿富汗有任何实质性的了解。大家都不知道仇恨犯罪是什么，也没有人有过机会组织社区活动或公开表演来教育他人。”

随着美国先后在伊拉克和阿富汗动武，帕克走读学校对中东局势的关注仍在继续，佐伊的社会行动也是如此。11 岁时，佐伊和她 10 岁的巴勒斯坦朋友瓦莱丽·比沙拉特（Valerie Bisharat）提出了一个想法，要和居住在约旦河西岸的巴勒斯坦城市拉马拉的儿童一起办一份年度杂志。这个名为《儿童无国界》（*Childern Without Borders*）的杂志一直持续到今天，其中的特别版块包括学生之间在网络电话上进行访谈，话题包括当地传统、节庆、爱好、食谱、运动和其他非政治性的主题。作为这本杂志的实际出版人，我禁止他们提及与政治、士兵、恐怖主义或者检查站有关的任何话题。这项禁令让我与学生和他们的辅导老师起了几次冲突，他们指责我进行言论审查。但我担心这本杂志如果被卷入政治喧嚣，还能不能存活这么久、这么好。事实上，这本杂志赢得了全国性的赞誉，在 2004 年和平与正义研究协会的会议上也获得了荣誉奖项。

正如我所说的，我们不招惹争议，但也不回避争议。这也是为什么在 2003 年 3 月一个微风习习的下午，我发现自己作为校长站在了一个不同寻常的位置上：我带领 31 名六年级学生沿着奥克兰的百老汇大道，挥舞着标语牌反对美国在那一年对伊拉克的入侵。

当学生们第一次向我提出要求时，我担心他们的父母会怎么想。我还担心他们年龄尚小，是否足以承受上街游行时不可避免的敌意。不过我完全没有考虑我自己对战争的感受和孩子们的感受是不是一样。这里的核心问题是孩子们的政治主动性，我们多年来一直鼓励他们发展这种能力。我通过电话咨询了家长们的意见。没有人反对。

然而，那天下午却是另一番景象。尽管有一些司机按喇叭表示支持，但其他人却大声批评我们不爱国，叫我们叛国贼。我们没有回应。回到学校以后，我和六年级学生讨论并反思这段经历时，我很高兴听到他们说，他们并没有感到被轻视，而是感到更有力量。

我在《儿童无国界》杂志的运营上一直避免引起争议，那么，这次游行是不是反而在招致争议呢？这是一个合理的问题。但在我看来，这次游行规模有限，也是地方性的，我和孩子们一起参与也意味着我可以随时带他们离开。而对我们的杂志来说，它从诞生之初就一直是为了促进孩童之间的交流，旨在让中东地区的孩子被关注，在杂志中引入政治很有可能会给我们的学生和学校带来更加严重而持久的后果。两件事情在利害平衡上根本是不同的。

整体来说，我在帕克走读学校的任期内，一直让我高兴的是，每当我担心我们的办学政策里是否过度强调社会参与时，我们非凡的孩子们和家长们都会证明我错了。他们不退缩，反而推动我们前进。例如，在 2012 年，我们的董事会增加了我们对社会正义事务的正式投入，启动了一项规则，要求每个家庭在 25 小时的志愿者服务时间中，必须有 4 个小时用于帮助学校推进我们的社会正义事务。

虽然在私立学校中，要求家庭参加“志愿者服务”还是相对常见的，但我们的特别规定即便不是独一无二的，至少也是不同寻常的。然而，我们一直相信我们走在正确的道路上，因为越来越多的证据表明，帕克走读学校的毕业生确实因为他们的在校时光而受到鼓舞，他们走出校门以后在改变世界。

以佐伊为例，她在六年级时就对锡克教徒遭受的不公感到愤怒，并策划了“为接纳行走”游行，随后又参与创办了《儿童无国界》杂志。佐伊在耶鲁大学获得了英语和艺术史学位后，进入大都会艺术博物馆工作，专注于改善残障人士的无障碍环境。2014 年，她获得富布赖特奖学金，前往巴西教英语。“回顾我今天的生活，我意识到我在大学里所做的事情和我现在所做的事情，有很多受了我在帕克走读学校的时光的影响，”她在给我的信里写道，“帕克走读学校在我的生活中留下了永久的遗产。它教会我自我反省，批判性地参与主流叙事，培养了我解决冲突和调解矛盾的价值观，让我渴望服务那些被忽视的和被低估的人群，为他们的福利提出主张。我当年的同学也是一样，他们中有许多人仍然是我的好朋友。我们每个人都选择了不同的道路去参与社会行动，成了积极的公民，无论作为集体的一分子，还是个体，我们都一直坚守着我们在六年级时就已经学到的东西。”

Loving Learning

结语

回到未来

100 年来，我们一直是“21 世纪的教育”的领导者。

——斯科特·莫兰，
洛杉矶韦斯特兰进步主义小学校长

“我们的目标是要做得更大”

2014年1月一个阳光明媚的早晨，在帕克走读学校宽敞的大礼堂里，聚集了来自全美各地学校的19位进步主义教育者，还有两位专程从首尔赶来的韩国同仁。这是进步主义教育网络学院（Progressive Education Network Institute）的第一次会议。这次会议是我们这场进步主义教育运动的一个里程碑，也彰显了这个网络正在复苏的力量。在接下来的3天里，这些教育者们交换着自己的各种见解和担忧，连吃饭的时候也交流个不停，他们决心共同推动进步主义理念的教育，从自己的学校开始，直至全美国。

我真希望自己也能在那里。但那时，我在几千米外，在我家的二楼，躺在租来的医用病床上等着同事们为我报告会议进程。我的手边放着笔记本电脑、手机、笔记本、助行器、轮椅，以及我一直带在身边时常翻阅的那本克雷明的《进步主义教育史》。进步主义教育网络学院的共同领导者、我的朋友也是同事莫琳·奇弗和丹·施瓦茨（Dan Schwartz）向我保证过他们会打电话告诉我会议的最新情况，我也希望随时准备好为他们提供力所能及的帮助。虽是冬日，那天早晨却异常温暖，所以我的窗户是开着的，可以听到孩子们课间在操场上玩耍的声音。这样的喧闹声在今天格外适宜。毕竟，在过去的近 40 年里，这样的声音一直都是我每天工作的背景音。

后来他们告诉我，学院的学员包括几名教师、一名校长、三名行政人员和一名研究生，有的来自公立学校，有的来自私立学校。有些人穿的是牛仔裤和毛衣，有些人则穿着西装和职业裙。此刻，他们正在帕克走读学校临时校长乔纳森·基德（Jonathan Kidder）的带领下参观校园。在我们的菜园里，看着那些长势喜人的甜豌豆、西蓝花和菠菜，他们发出阵阵赞叹。在走廊里，看着墙壁上装饰的照片和孩子们的艺术作品，他们不时露出微笑。基德带他们经过琼·怀特－阿尔贝蒂尼的教室，向他们讲述着她那个惊人的生态系统项目的故事。我知道他们在想什么：这所学校简直就是一个天堂。我也是这么认为的，38 年来每天都是这么认为的。

回到大礼堂，在那里人们透过宽大的窗户可以望见松树和棕榈树。学员们坐下来，笔记本电脑旁放着咖啡和橙汁。从我去年春天参访各地学校的经验来看，我大概可以猜到他们会说些什么。

加利福尼亚州南部帕洛斯维德斯的一所私立学校查德威克学校的一名小学教师萨曼莎·英格利斯（Samantha Inglis）

曾向我坦陈："尽管我们每天都在实践进步主义教育，但我还是不知道该如何谈论它。"

相比之下，威克利夫小学的校长克里斯·科拉罗斯更专注于探讨像他的学校这样的进步主义公立学校应该如何应对制度性挑战。科拉罗斯一直感受到来自州和地方当局的巨大压力，要求他们以更标准化的刷题填鸭的方式进行教学。"在俄亥俄州，我们受到了攻击。"他说，"各种政府规定的标准化考试和教师评估正在逐渐失控。我凭直觉知道它为什么不好，但我想要用更准确有力的方式表达出来。"

在芝加哥郊外温内特卡公立学区教一、二年级的教师杰伊·狄龙（Jay Dillon）也感受到了类似的压力。"我的目标就是和那些与我有同样经历的人沉浸在一起，搞清楚我究竟在改变我的教学环境的路上走了多远，前提是不把事情彻底搞砸。"他这样说道，"我努力不把现在的情况视为一种党派之争，但是感觉真像。"

儿童学校是位于芝加哥郊区的一所招收幼儿园至五年级学生的小学。它的一位四年级教师凯特·米勒（Kate Miller）很乐观，她说："我们知道我们正在做的事情是有效的，我们有责任与其他老师分享我们的实践。我们的目标是让这场运动变得更大。"

中午后不久，奇弗信守诺言，打来了电话。"我迫不及待地想跟你分享详细的情况，"她告诉我，"一切比我们预想的要好。"两天后她来看我时，带来了一张橙色卡片，就是那种学生们寄给因病缺课的朋友的卡片。"大家都很想念你，"卡片上这样写道，“但是在我们所做的一切中都能看到你的身影。”卡片的正面甚至还有一幅画：一群微笑的学生和一位老师。

重塑进步主义教育的荣光

1919 年在华盛顿特区举行的第一次会议上，进步主义教育协会的创始成员们宣布，他们的目标是让自己的学校成为新思想的实验室，成为全美学校的领导者。

接下来的几十年里，他们的愿望可以说是实现了。但一切都在 20 世纪 50 年代发生了变化。那时各种形式的进步主义教育都遭遇了激烈的反对。进步主义学校数量锐减，而少数坚持下来的学校也备受孤立。即使在进步主义学校相对较多的西海岸和东海岸，各个学校无论是在专业发展方面还是其他任何方面也很少合作。

然而，我很高兴地告诉大家，这种各自为政的现象如今已经大为改观。

今天，全美各地的教育工作者们都渴望着变革，他们尤其渴望教学方式上的变革，以支持那些在如今全球化经济时代里备受压力的孩子们。各种信号都在提醒我们，如今的教育系统一直在辜负学生和家长们。再加上那些标准化考试，以及跌跌撞撞推行的《共同核心州立标准》，许多人都开始寻找教育的其他可能性。我们认为教育问题的根源不只存在于教育体制方面。在 2013 年于洛杉矶举行的那次大会上，治疗师玛德琳·莱文抓住了问题的根本。她指出，一边是社会文化定义下的成功和教育，另一边则是从健康成长和深度学习角度来说真正对儿童有益的教育，这两者之间的不一致大到不可思议。这才是教育的根本问题。

在对教育普遍感到挫败的背景之下，有一些人正进行着激烈地反抗，他们正是我在本书中所描述的那些学生、家长和不合作的老师。他们所做的可远不只是说“不”。进步主义教育者和其他一些对教育忧心忡忡的教育者一直在设计各种创造性的解决方案，他们所依托的经常是从杜威、帕克、普拉特和许多前人那里传承下来的各种思想和实践。很多进步主义教育者（也包括我）相信，政府推出《共同核心州立标准》作为统一的教育标准是有潜在的进步意义的。[1] 同时，我们也担心，如果仅仅试图增加新的教学内容和标准，而没有在课堂教学策略上做出根本性变革，那么《共同核心州立标准》会像先前推出的其他宏大计划一样，最终落得失败的下场。我坚信，解决之道就在本书所描写的那些进步主义教育实践中：关注如何激发学生的学习兴趣，围绕他们的兴趣开展项目教学，整合教学主题，构建强有力的学习社区，以及让学习和现实世界相关联。我们要做的便是复苏这些教育实践，并巩固推广它们。

正因如此，我很高兴地看到，最近的一些大胆改革正在日益取得成功。这些尝试全都充分运用了进步主义教育中的那些策略。下面我来介绍其中的两个项目，它们专注于服务美国那些值得我们支持的公立学校。这一点真令人高兴。

第一个项目是一个名为“大图景学习”（Big Picture Learning）的教育模式，由两位能够跳出窠臼思考的教育家丹尼斯·利特基（Dennis Littky）和艾略特·沃什（Elliot Washor）于 1995 年建立。他们挑战了主流的那种被动的、千篇一律的教学模式。在他们的合作学校中，教师像一位向导，激发学生的兴趣。他们不强调成绩和标准化考试，同时激励孩子们与导师合作，获得现实世界的经验，并为自己的教育负责。在 2011 年为教育乌托邦（Edutopia）网站撰写的一篇专栏文章中，两位创始人讲述了一个名为山姆的学生的故事，很好地展现了他们的教育模式。

山姆在八年级的时候因为成绩不及格而转入了一所“大图景学习”模式学校。在他高三那年，他却决定追随自己的强烈兴趣，去研究华尔街对国会的影响。他尤其想要探究的是，金融公司的政治捐款和这些公司在金融危机中能否获得政府救助资金之间是否存在某种联系。山姆在数学课上学习过一些算法，但是他几乎没怎么用过。然而，在老师们的鼓励和支持下，他开发出了一款原创性的软件，通过分析公开数据来验证自己的理论，并展示了两者之间存在的关系。对一个高中生来说，这可是一个非常复杂的项目，而对山姆来说，在恰当的支持下，他在这个过程中发现了自己的热情所在，并有能力追随这份热情，让它驱动自己探究。

“大图景学习”的第一个合作项目在大都会地区职业和技术中心进行。其合作的被称为“大都会”的学校位于罗得岛州的普罗维登斯，招收了大量可能遭受伤害的非裔和拉丁裔学生。然而，在 2000 年项目启动时的那届新生班有 96% 的毕业率，学生们总共获得了 50 万美元的大学奖学金。随后的毕业班也都达到或者超过了这些成绩。比尔及梅琳达·盖茨基金会关注到了这些成绩，向这个项目提供了资助，并帮助“大图景学习”迅速扩大了合作学校的数量。如今，“大图景学习”的合作学校在美国有 44 所，在澳大利亚有 25 所，在以色列有 27 所。[2]

第二个同样令人印象深刻的项目是于 1993 年创立的“探险学习”（Expeditionary Learning）教育模式。根据最新统计，它与全美 33 个州的 160 所学校正在开展合作。这些学校都以库尔特·哈恩（Kurt Hahn）的理念为基础。哈恩是一位持进步主义教育观的德国犹太裔校长，在 20 世纪 30 年代曾勇敢地公开反对纳粹。哈恩是“户外拓展运动”的开创者之一，并因此广受赞誉。这个项目诞生于 1941 年，最初是为了培训年轻水手们的生存技能，后来逐渐发展成为一个非常成功的项目，帮助那些陷入困境的年轻人通过完成一个个的身体挑战重新获得自信。“探险学习”是经过“户外拓展运动”网授权的一个实体组织，强调基于项目的探险学习。学生对一些引人注目的主题进行跨学科的深入学习，并以公开演讲和作品集的形式来获得评估。（在尾声那章中，我提到过缅因州卡斯科湾一个高中的学生们制作美国贫民纪录片的项目就属于其中之一。）值得称道的是，“探险学习”有一个特点在别的机构很少见：它会一直追踪学生的成绩。追踪数据显示，采用了“探险学习”模式的学校在全州的统考统测中成绩总是会高于同一学区的平均水平，且常常超出不少，而非裔和拉丁裔的学生表现尤其出色。[3]

当然，要扭转美国教育体制这艘庞大的战舰，需要的不仅仅是几个新的学校网络，无论它们多么成功。这就是为什么尽管我不能在现场呐喊助威，但我仍全力支持进步主义教育网络在未来的日子里成为一个更强大的领导者。

我们的全美大会规模一直在急剧增长，而进步主义教育网络学院是我们向前迈出的又一大步。它新推出的培训项目和其他几个很有潜力的项目一起，正在让更多人接受进步主义教育的方法。在圣地亚哥，当地的商界领袖为了提升当地潜在员工的素质，于 2000 年创立了高科技高中特许学校网络，获得广泛赞誉。该校最近在校园里新成立了教育研究生院。该研究生院公开表明，它的目标就是成为全世界公认的“一个进步主义教育教学的实践中心，一个深谋远虑的、综合的、变革性的研究生教育典范，以对从幼儿园到十二年级阶段的学校产生直接影响”。2009 年，在美国的东海岸，进步主义教育实验室（Progressive Education Lab）成立。它为教师提供为期两年的学徒计划，由位于马萨诸塞州、纽约州和佛蒙特州的 4 所进步主义学校运营。[4]除此之外，进步主义教学学院（Progressive Teaching Institute）于 2012 年成立，每年暑假由纽约的菲尔德斯顿文化伦理学院运营。

在过去的 20 年里，一些倡导进步主义教育的组织如雨后春笋般涌现，以推动进步主义教育的变革。进步主义教育网络衷心支持他们的努力，而我非常希望在不久的将来，我们可以一起合作，变得更加强大和有效。这种合作不仅应该包括专门的倡导团体，还应包括众多蒙台梭利学校里那些我们天然且强大的盟友，其中有些蒙台梭利学校也明确给自己贴上了“进步主义”的标签。我们之间有太多的共同点，不该再像过去一样各自为政。

一个可能的合作目标是从大量的案例中搜集证据，来支持进步主义教育的各项策略，这个做法可以很好地为我们所有人（其中最主要是为学生）服务。正如我所指出的，上一次对进步主义学校的综合评估是在 20 世纪 40 年代进行的，即所谓的“八年研究”，由进步主义教育协会委托实施。从那以后的 70 多年里，没有其他团体再做过类似工作，研究的匮乏困扰着进步主义的教育工作者们。我们学院的不止一个学员表示，他们知道自己做的事情是有效的，但说不出为什么。

许多进步主义学校能够提供的最好的证据就是他们的校友在 SAT 考试和大学录取方面的表现。这是一个令人不安的讽刺，因为我们经常第一个跳出来质疑这些指标能否代表终身成功和幸福。正因为如此，佛蒙特州帕特尼学校正在进行的研究令我深受鼓舞。在过去的 6 年里，这所学校一直在收集关于其毕业生的追踪数据，这些数据远远超出了大学录取率和 GPA 这样的简单指标，他们追踪的是与人的长期福祉有关的那些指标。“我们正在做大量的测量，因为我们真的不知道我们会找到什么。”学校负责人埃米莉·琼斯说道。

> 我们关注的指标包括文化态度、学习方式、对健康的信念、灵性以及跨文化接触等。在他们在校期间，我们还会跟踪他们的家庭收入、父母的教育情况、他们使用电脑的时间、他们的成绩、去看病的次数、是否演奏乐器，以及是否有食物过敏。孩子们每年都会回答一份问卷，问卷会询问诸如情感依附类型、自尊、韧性和同理心等问题。校园里的所有成

年人也都要回答同样的问题，因为我们相信我们都是同一个培养皿的一部分。

琼斯说，他们学校之所以开展这个项目，是因为总是会有来访者要求教职员工解释清楚这所学校何以能成功。它的校友包括许多推动各自行业进步的人士，例如记者克里斯蒂安·莱曼－豪普特（Christian Lehmann-Haupt）和J. 安东尼·卢卡斯（J. Anthony Lukas），备受争议的摄影师莎莉·曼（Sally Mann），演员华莱士·肖恩（Wallace Shawn）和费丽西蒂·霍夫曼（Felicity Huffman），奥运会滑雪奖牌获得者比尔·科赫（Bill Koch），领英网的联合创始人里德·霍夫曼（Reid Hoffman）[5]，以及著名的美国绿色和平组织的一名船长彼得·威尔考克斯（Peter Willcox）。“帕克走读学校不会培养只能被动做‘工蜂’的人。更确切地说，每当我遇到一个像工蜂一般的学生时，我都会扪心自问‘这里发生了什么’。”琼斯说。她希望等到这些被研究的第一班学生年满34岁时，她能够发现一些她正在寻找的答案。我希望进步主义教育网络也可以发起自己的深度研究，或许就可以用帕特尼学校的研究作为范本。

然而，在我们等待新数据的同时，现在就有很多事情可以做，去搜集案例，去证明我们可信。在这本书中，我试图清楚地阐明现代进步主义教育所涉及的主要策略，对每一种策略，我也表明了有大量的研究可以支持它们，并且这些研究往往还都是最新的。

在这里我想花一点时间，直接对我的同行校长们说几句。为了将来，我们都需要密切关注神经科学的研究。在许多情况下，这些研究为我们的实践提供了确凿的证据。当父母对孩子在一个避开主流标准的进步主义学校里的学业感到焦虑时，我们作为教育工作者需要扎实的数据，而不仅仅是几则成长轶事，以展示孩子是如何在智力上投入，在认知和情感上发展的。

另外，我们沟通的对象不仅仅是家长。进步主义教育者们必须面向地方层面和国家层面的政策制定者发出更强有力的、团结一致的声音。

现在有些人建议，要做到这一点最有效的方式是让我们的品牌现代化，并抛弃“进步主义”这个名字及其所有的历史包袱。我在全美各地参访的过程中，的确有几所我到过的学校，即便深植于有百年历史的进步主义教育，也已经不再公开明确地称自己秉承“进步主义”。[6] 他们的网站和宣传材料中不再出现任何与进步主义有关的字眼儿，代之以“创新的”之类的形容词。一位学校领导告诉我：“我们不像前人们那样老是拿‘进步主义’这个词说事儿。”他补充说，他和他的员工正在“有意识地对进步主义学校的内涵进行重新包装，以真正满足那些对 21 世纪学习感兴趣的家长们的需要”。

你读我的书已经这么久了，应该可以想象我听到他的话时的沮丧心情。事实上，我相信现在正是我们大胆迈进的时候，我们要以新的自豪感重振进步主义教育。我看到的很多迹象都在表明“进步主义”这个词正在重新流行起来。2014 年元旦，比尔·德·布拉西奥（Bill de Blasio）就任纽约这座美国最强城市的市长，他被微软全国广播公司（MSNBC）誉为“毫不掩饰的进步主义者”。他上任那天，《纽约时报》的头版上，“进步主义”这个词出现了 6 次之多。

进步主义教育的时代到了。

重演的历史与复兴的运动

自我等待进步主义教育网络学院第一次大会的第一个消息以来，已经过去两个月了。2014 年 3 月下旬，紫藤花在学校的小花园里盛开着，既让人愉悦，也在提醒我那些逝去的宝贵时光。7 个月前，医生告诉我，我最多还能再撑一年。

进步主义教育网络学院的学员们计划于 4 月下旬在纽约曼哈顿乡村学校重聚，但我又一次无法和他们在一起。多亏了化疗，几个月来我的病情暂时稳定了下来。但是最近我的癌细胞突然开始以更快的速度扩散。现在，即使是走很短的距离对我也是一种挑战。我每天的时间都用来阅读、发电子邮件，以及与我的妻子伊丽莎白交谈。她是一位专业的冥想教练，她明智地选择了这段时间来加深她的灵性研究。我还有源源不断的访客：我认识了几十年的老师们、帕克走读学校往届的学生和他们的父母，还有我的两个成年子女考特尼和马特。餐桌上摆满了花束——兰花、玫瑰和香气浓郁的百合花，还有体贴的朋友们送来的砂锅菜。

我能有差不多一年的时间来说再见，这可真是一个太过让人尴尬的“特权”。在过去的 7 个月里，那些对我的公开致敬让我感到既荣幸又尴尬。我的退休仪式是在学校大礼堂里举行的。有那么一瞬间，我在讲台上努力保持着镇静，望着台下几百位朋友们仰起的脸庞。“谁能明白这个故事？”[7] 我终于开口问道。我的脑海中模糊地浮现出一篇著名演讲，演讲者是美国职业棒球史上最伟大的选手之一卢·格里格（Lou Gehrig），当时疾病让他不得不离开了心爱的洋基队。我告诉台下的朋友们，我也和格里格一样，也觉得自己是地球上最幸运的人。我坚信这一点。我拥有美满的婚姻，拥有很棒的子女，为一份我会毫不犹豫地再次选择去做的职业工作了 38 年。

现在，两种情感在我的脑海中交替出现，有时对未来充满希望，有时需要每天面对死亡的降临。我想到了美国历史上创造、破坏、再创造的不断循环。在某些方面，21 世纪的美国所面临的情况，和一个世纪之前的美国非常类似，包括：创纪录的收入不平等、财富和权力日益集中在少数人手中，以及政府效能的崩溃。除此之外，还出现了一些新的严重威胁，从核扩散到全球气候变化，这些都亟待政府和社会做出反应。

那时和现在一样，是一个有着惊人财富和无尽奢华享受的“镀金时代”。这种富裕与高失业率、日益严重的贫困及日益增多的怨恨情绪形成了鲜明对比。那时和现在一样，人们历来视学校为民主的守护者和通往平等机会的大门，而他们觉得学校辜负了自己的期望。

与此同时，我们的时代也洋溢着寻求变革、探寻机遇的气氛，而这与进步主义时代也有着很多共同之处。那时，第二次工业革命通过电灯泡和 T 型车之类的发明创造改变了人们的生活。今天，第三次工业革命甚至更具有革命性，为我们带来了互联网、智能手机和各种各样的新型可再生能源。其中一些技术无论初衷为何，正在推动学校朝着潜在的进步主义方向发展。互联网解放了信息，因此学生可以花更多时间追求自己的兴趣，从沉迷于电子游戏到创建新的行动组织，或是寻找更环保的可持续的生活方式。他们也确实这么做了。新的计算机化的世界里，交流变得更容易、更快捷和无拘束。一方面，一些孩子会因此而变得孤立，失去了与真实世界的联结，甚至有的孩子会成为网络犯罪的受害者。另一方面，一些孩子会因此可以在离家千里的地方找到归属感。

我最关心的问题是我们可以进化到何种程度，让我们得以超越困难，抓住机会。这将取决于我们的领导力。在拜访了这么多进步主义学校之后，我可以很高兴地说，我对未来充满希望。

我特别想到了三位领导者。第一个是范奈斯儿童社区学校的资深校长尼尔·赖特森。我清晰地记得，2013 年 10 月，他站在洛杉矶比尔特莫尔酒店高高的讲台上，提醒我们所有人，我们对美国民主的未来负有责任。他是这么说的：“围绕教育的意义和学校的目的，我们正经历着一场激烈的斗争。斗争双方都知道自己要的是什么。进步主义教育建立在这样一种理念基础之上，即学校的基本责任之一是教育孩子们成为社会事务的积极分子，成为变革的推动者，教育孩子们去想象一个更加美好的世界，并着手去实现它。”

赖特森提醒我们要记住进步主义教育的基本原则和辉煌过去。同时我也仍记得我与友谊社区学校中学部校长阿德里安娜·墨菲的谈话。墨菲是更年轻一代的教育者，她告诉我，那些年长的进步主义教育者可能更注重意识形态，用她的话来说就是“挥舞旗帜”，而年轻的一代还会同时关注教学实践和教学法，并可能做了更充分的准备，使用新的工具去捍卫进步主义理念。墨菲的学校距离华盛顿只有 24 千米，她也因此深切地意识到自己责任重大。她告诉我：“第二波进步主义教育者有责任进行研究，去验证这些年来我们所践行的那些原则，并超越我们的前辈，探索新的实践，因为在过去二三十年里，我们在主流教育里看到的那些东西行不通。”

墨菲特别擅长与忧心忡忡的家长们谈论进步主义教育的种种优势。例如，她并不羞于向家长们抛出她所谓的“氢弹”。她会告诉家长们：“有些孩子的成绩在班上名列前茅，但仍然会被哈佛大学拒绝。顶尖大学看重的不仅仅是孩子对完美成绩的追求。他们希望看到一种职业道德，一种与他人相处的能力，以及作为关键人物所具有的品质。关键人物是指那些不可或缺的人、与外界有联系的人、组织离不开的人。你环顾四周就会发现，从进步主义学校里毕业的孩子最有可能成为那样的人。”

当我想到进步主义教育运动的未来时，我还会想到教会山学校的校长艾拉·加文斯。这所小型公立学校广受赞誉，因为它的财务管理方法十分巧妙，那里的学生在学习能力、种族背景和家庭经济状况方面极为多元，而且每个学生都能取得不俗的成就。或许这所学校最能反映我们复兴进步主义教育的希望。幸运的是，加文斯和赖特森、墨菲一样，是能够把自己所知道的有效的教育明白流畅地表达出来的极少数教育工作者之一。

“我认为这场运动会发展壮大，会有更多的进步主义学校出现。”她说，

“老师和家长都迫切希望教育方式能有所改变。一旦他们看到进步主义学校的环境，他们立刻就会感觉到，这么做就对了。很多家长无法表达他们想要什么，但来到像我们这样的学校时，他们会说：‘我就是这个意思。’”

对那些难以表达自己正在找寻什么的家长，以及那些努力地想要表达自己正在做什么的老师，我想现在也许是一个好机会，让我提醒你们，我在参访众多进步主义学校时，所想到的关于什么是“进步主义教育”的定义。我希望这个定义可以有助于消除一些尴尬。我之前还没有读到过任何定义可以既简洁，同时又能准确表达出进步主义教育的核心立意，还能获得如此众多的实践者的赞许。

进步主义教育在以学生为中心的环境里，带着对社会公平的坚定承诺，让孩子为积极参与民主社会做好准备。

真的，我希望这个定义能够有所帮助。

说到这儿，我可不可以在结束这本书之前提出一个请求？

我们能不能不要再讨论芬兰了？

两个国家差别巨大。芬兰的人口只有 540 万，其中只有不到 4% 的人生活在贫困中。芬兰的大多数人具有相同的种族背景和文化。美国的人口数量比芬兰多了 58 倍，也更加多样化，有近 22% 的人生活在贫困中，所面临的经济和社会挑战要大得多。

当你将苹果与苹果（我们最富裕的学校与芬兰人的普通学校）进行比较时，我们做得还是不错的。然而，如果扩大你的比较范围，把数百万在不合标准的、沉闷的、严酷的学校环境中受苦的美国儿童都算上，你就会意识到我们需要做得更好。当然，也许芬兰确实为我们指明了道路，但前提是你要意识到这原本一直就是我们的道路。正如黛安·拉维奇所指出的，芬兰实际上主要“借鉴”了美国的教育理念，包括教育机会平等、个性化教学以及合作学习。[8]令我高兴的是，拉维奇补充道：“大部分的借鉴都来自哲学家约翰·杜威的作品。”芬兰儿童享受的是进步主义教育改革者几十年来一直倡导的教育福利。除了高三结束时的一次考试外，他们没有强制性的标准化考试。学生、学校和地区之间不存在竞争。此外，芬兰教师训练有素，报酬丰厚，并且有很大的自由来决定他们如何开展工作。

因此，换句话说，我们可以继续谈论芬兰，来让自己痛苦，或者我们可以继续前进，复兴我们自己的传统，使我们的教育系统再次变得伟大所需的所有工具，我们都已经拥有。事实上，正是我们发明了这些工具。学校培养胸怀大志的创新者，这是美国传统的一部分。让更多的美国儿童享受到这样的教育，时机已经成熟。

后记 Loving Learning

汤姆·利特尔于 2014 年 4 月 29 日星期二去世。

距离他签字同意将本书的手稿寄给出版社还不到 3 周。

5 月 1 日，当孩子们来到帕克走读学校时，他们看到在主教学楼前面的人行道上用鲜亮的颜色绘出了 3 个字母 T、O、M，这些字母被彩绘的心形图案包围着。在校园里的其他地方，大人们也写下了“感恩”“慷慨”“朋友”等词语。早上报到入校后，孩子们和学校的工作人员以及一些家长聚集在操场上 10 分钟，他们手牵着手，唱着歌，把肥皂泡吹进早晨的阳光里。大约 5 周后，在伯克利话剧院举行了长达 3 个小时的追悼会，参加悼念的有很多往届的学生、家长、老师、他的朋友们，以及来自其他 30 多所学校的校长们。剧院能容纳 600 人，很多人却还是找不到空位。

附录 1 Loving Learning

进步主义教育协会的 7 项基本原则

1919 年，在华盛顿特区的公共图书馆，一群学校创始人和其他改革者发起成立了“进步主义教育协会”。成员们就以下 7 项原则达成一致。时至今日，这些原则仍不失为对进步主义教育何以区别于传统教育体系所做的最佳描述之一。

1. 自然成长的自由

学生的行为应该由他们自行管理，规则应根据所在社区的社会需求，而非强制性的法律来决定。学生应享有充分的主动性和自我表达的机会，学习环境中应该具有丰富而有趣的素材，每个学生都可以自由使用这些学习素材。

2. 兴趣是学习的根本动力

学校应通过以下方式满足和发展学习者的兴趣：（1）与真实世界及其各种活动有直接和间接的接触，并充分利用由此获得的经验；（2）将所学知识加以应用，将不同学科进行关联；（3）让学生清楚地意识到自己所取得的成就。

3. 教师是导师，而非监工

教师必须信奉进步主义教育的根本目标和一般原则，他们应该有发展自身主动性和独创性的自由度。进步主义的教师鼓励学生运用自己所有的感官，训练学生的观察和判断能力。教师不能只是听学生背诵知识点，而要将大部分时间用来教授学生：如何使用各种信息来源，包括生活体验和书籍；如何对所获得的信息进行推理；如何有力而合乎逻辑地表达得出的结论。理想的教学条件要求小班授课，尤其是在小学阶段。

4. 对儿童的发展要做科学的研究

学习成绩不应仅限于教师为显示学生在学科学习中的进步而给出的分数，还应包括关于学生身体发育、心理健康，以及道德和社会情感发展等方面的客观和主观的各种报告。学生在这些方面的发展不仅会影响他们在学校的生活，也会影响他们成年后的生活。这些方面的发展会同时受到学校和家庭两方面的影响。此类成绩应作为教师与每个学生互动的指南，还应帮助教师将注意力集中在最重要的促进学生成长的工作上，而不只是在简单的学科教学上。

5. 充分关注影响儿童身体发育的所有因素

进步主义教育的首要考虑因素之一是学生的健康。学生必须拥有更多的活动空间、更好的光线和空气，他们应该在清洁且通风良好的建筑里活动，也能够更容易到户外去，并且更充分地利用户外时光。学校应该有空间足够大的操场并让学生经常使用。教师应密切观察每个学生的身体状况，并与家庭合作，将健康作为童年的首要目标。

6. 家校间应该充分合作来满足孩子的成长需求

学校应和家庭一起尽可能多地提供满足孩子自然产生的兴趣和活动所需的一切，尤其是在小学阶段。这些条件只有通过家长和教师之间明智的合作才能实现。

7. 进步主义学校应该成为教育运动的领导者

进步主义学校应该成为教育运动的领导者。它应该是一个实验室。在这里，有价值的新想法会得到鼓励。在这里，传统并不意味着一切，人们将传统中好的部分与今天的发现一起发酵，并将结果自由地融入人类对教育的认识中。

我们感谢巴尔的摩帕克走读学校在学校网站上列出了这些原则。

附录 2 Loving Learning

汤姆[①]

汤姆是一只智慧又聪明的猫头鹰
坐在一棵古老的橡树上
观赏着绚烂的日落。

他是一支旧钢笔
在一张纸上灵活地舞动
为更美好的世界勾勒出想法。

汤姆是那些温暖的下雨天
每个人都在水坑里溅水
旋转着试图去捕捉雨滴。

① 帕克走读学校六年级的学生们写给汤姆的诗。

他是一颗泛着光泽的红苹果
挂在树上
在阳光下熠熠生辉。

他是一个夏日的早晨
唤醒所有人
和他们打招呼。

汤姆是一棵巨大的木兰树
有大大的叶子
遮蔽着整个校园。

注释

Loving Learning

引言　走进帕克走读学校

1　2014 年，美国高中毕业率达到创纪录的 80%。这是一个好消息，但是很多严峻的问题以及各种差异仍然存在。See Lyndsey Layton, "High School Graduation Rates at Historic High," *Washington Post*, Apr. 28, 2014; and "Study: Just Over Half of College Graduates Complete Degrees," *Time*, Dec. 16, 2013.

2　"U.S. Students Still Lag Behind Foreign Peers, Schools Make Little Progress in Improving Achievement," *Huffington Post*, July 7, 2012.

3　"National Study: Teen Misuse and Abuse of Prescription Drugs Up 33 Percent Since 2008, Stimulants Contributing to Sustained Rx Epidemic," Apr. 22, 2013.

4　Frank DiGiacomo, "School for Cool," *Vanity Fair* (March 2005); "Valley School Named After Schwarzenegger," *Los Angeles Daily News*, Nov. 21, 2010.

5　Barack Obama, *Dreams from My Father* (New York: Crown, 1995); Carlyn Tani, "A Kid Called Barry," *Punahou Bulletin* (Spring 2007).

开篇 教育的真谛：让孩子爱上学校

1 Kant's tribute is noted in Dieter Henrich, *Between Kant and Hegel: Lectures on German Idealism* (Cambridge, MA: Harvard University Press, 2003).

2 Michel Soëtard, "Johann Heinrich Pestalozzi (1746-1827)," *Quarterly Review of Comparative Education* (Paris: UNESCO, International Bureau of Education), vol. XXIV, no. 1/2 (1994), 297-310.

3 入学率统计来自 1920 年进行的全美第 14 次人口普查。(Washington, DC: U.S. Bureau of the Census, Vol. 5)

4 Dewey is cited in Stephen G. Weiss, Anthony deFalco, and Eileen M. Weiss, "Progessive=Permissive? Not According to John Dewey: Subjects Matter!" 2005.

5 Joseph M. Rice, *The Public-School System of the United States* (New York: Century Publ., 1893).

6 Lawrence A. Cremin, *The Transformation of the School* (New York: Vintage Books, 1964).

7 Ibid., p. 132.

8 Jim Powell, "Maria Montessori, Who Gave Children Everywhere Freedom to Achieve Independence," *The Freeman*, Aug. 1, 1995, and Jim Powell, *Maria Montessori: A Biography*, Radcliffe Biography Series (Cambridge, MA: Da Capo Press, 1988). For a look at the many similarities between American progressive and Montessori schools, see this chart: *Bright Horizons Educational Programs: Comparing Montessori and Progressive Methods*.

9 俄勒冈大学教育学院教授赵勇在中国长大，接受过中国的教育，也在中国做过教师。在《迎头赶上，还是领跑全球》(*Catching up or Leading the Way*) 一书中，他详细阐述了当今美国学校教育模式最大的反讽之一。他这样写道："中国已决心从劳动密集型的、以低端制造业为主的经济发展模式向知识型创新驱动式经济发展模式转变。为此，中国决定将教育模式从应试教育转型为素质教育。为了实现这一转变，中国做了一个全球性的调研，寻找适合培养创新型人才的教育制度。作为拥有全球最多诺贝尔奖得主、最多专利、在 20 世纪有过最多科学发现的国家，美国的教育制度看起来是一个不错的备选。"

有关中国的进步主义学校的另一个有趣例子是 Ian Johnson's, "A Waldorf School in China," *The New Yorker*, Jan. 27, 2014。

10 Cremin, *The Transformation of the School*, p. 128.

11 Katherine Camp Edwards, *The Dewey School: The Laboratory School of the University of Chicago 1896-1903* (New York: D. Appleton-Century Co., 1936).

12 "Education: Progres-sives' Progress," *Time*, Oct. 31, 1938.

13 Joseph Watras, "The Eight-Year Study: From Evaluative Research to a Demonstration Project, 1930-1940," Education Policy Analysis Archives.

14 Jerry Kirkpatrick, *Montessori, Dewey, and Capitalism: Educational Theory for a Free Market in Education* (New York: TLJ Books, 2008).

15 "Dr. John Dewey Dead at 92," *New York Times*, June 2, 1952.

16 "Education: Progressives' Progress," cited above. 另一位主要的批评者是历史学家亚瑟·贝斯特（Arthur Bestor）。他在 1953 年写下的《教育荒原》（*Educational Wastelands*）一书中攻击道："进步主义教育者降低了美国公立学校的办学目标。他们为教育设定的目标琐碎无聊，无法获得任何心智成熟的人的尊重。他们还有意地让学校远离科学和学术。"

17 Patrick Dennis, *Auntie Mame: An Irreverent Escapade* (New York: Broadway Books, 2001).

18 John Dewey, "The School and Society and the Child and the Curriculum,"

Digireads.com Publishing, Jan. 1, 2010, p. 15.

19 See Larry Cuban, "The Open Classroom: Were Schools Without Walls Just Another Fad?" *Education Next*, vol. 4, no. 2 (2004), p. 68-71.

20 Cremin, *The Transformation of the School*, p. x.

01 教室里的魔毯：创设舒适的学习环境

1 Mary Hammett Lewis, *An Adventure with Children* (Buffalo, NY: The Park School, 2011).

2 David Ruenzel, "Why Zebras Don't Get Ulcers," *Brain Connection*, Mar. 12, 2003.

3 Clea A. McNeely, James M. Nonnemaker, and Robert W. Blum, "Promoting School Connectedness: Evidence from the National Longitudinal Study of Adolescent Health," *Journal of School Health* (2002).

4 Michael Oakeshott, "Education: The Engagement and Its Frustration," *Journal of Philosophy of Education*, vol. 5, no. 1 (January 1971), 43-76.

5 Frederick Mosteller, "The Tennessee Study of Class Size in the Early School Grades," *Critical Issues for Children and Youths*, vol. 5, no. 2 (Summer-Fall 1995). 更高的师生比会带来更多好处已经是一种常识。马尔科姆·格拉德威尔（Malcolm Gladwell）最近在他的著作《逆转》（*Bavid and Goliath*）中挑战了这个常识。格拉德威尔指出，一些研究表明很多进行小班教学的老师只不过是减少了自己的工作量，而不是为了更好的教学效果去调整自己的教学方式。这种情况在一些传统的学校里可能确实存在，特别是在有些学校里老师们的工作量已经多到不可思议，他们应该会很渴望获得一些自由的时间。但是对进步主义教育者们来说，他们通常是在一个更加人性的环境中工作，而且他们接受过培训，能够让学生完成更多独立学习或者小组学习，同时学生可以和老师有更多一对一的会面，也有很多教学技法能够确保实现小班教学的好处。

6 *Investing in Our Future: Returning Teachers to the Classroom* (August 2012).

02 打开孩子感官：遵循兴趣，让学习在体验中发生

1 Cremin, *The Transformation of the School*, p. 5.

2 Peter Gray quoted in Joshua Davis, "How a Radical New Teaching Method Could Unleash a Generation of Geniuses," *Wired*, Nov. 2013, 160.

3 National Research Council, *How People Learn: Brain, Mind, Experience, and School* (Washington, DC: National Academies Press, 2000). The report was produced by five editors belonging to the Council's committees on Developments in the Science of Learning and Learning Research and Educational Practices.

4 Joshua Davis, *Wired*, Oct. 15, 2013.

5 S. P. Chaube, *Foundations of Education* (Kolkata, Uttar Pradesh: Vikas Publishing House Pvt Ltd., 2009).

6 碰巧的是，洛杉矶那次进步主义教育网络大会的主旨发言人是医学研究员斯图尔特·布朗（Stuart Brown），他的职业生涯一直在研究游戏的益处。他是美国国家游戏研究所的创始人，也是《玩出好人生》（*Play: How it Shapes the Brain, Opens the Imagination, and Invigorates the Soul*）一书的作者。布朗和其他科学家警告说，孩子们可以玩耍的时间最近几年正急剧下降，而那种一味追求学业成就的文化是如此的顽固，以至于我们在孩子们还在上幼儿园的时候就已经开始给他们灌输知识了。

7 These findings and others appeared in a report titled *Arts Education in Public Elementary and Secondary Schools: 2009–10* (National Center for

Education Statistics, 2012).

8 *College-Bound Seniors: Total Group Profile Report* (New York: The College Board, 2007). 该研究还发现，在中学阶段参加过 4 年艺术课程的学生比只接受过半年或者更少时间的学生在美国大学入学考试的成绩上平均要高出 91 分。

9 This description is based on an interview with Ms. Albertini and a write-up in Lisa Bennett and Daniel Goleman, *Ecoliterate: How Educators Are Cultivating Emotional, Social, and Ecological Intelligence* (San Francisco: Jossey-Bass, 2012).

10 J. Boaler, "Equity, Empowerment and Different Ways of Knowing," *Mathematics Education Research Journal*, vol. 9, no. 3 (1997), 325-42.

11 Vanessa Vega, "Project-Based Learning Research Review," *Edutopia*, Dec. 3, 2012.

12 Robert Rosenthal and Lenore Jacobson, "Pygmalion in the Classroom," *Urban Review* (September 1968).

03 一起围个魔法圈：打造以“关系”为核心的学习社区

1 Robert K. Ross and Kenneth H. Zimmerman, "Real Discipline in School," *New York Times,* Feb. 16, 2014. 2012 年，一家非营利的政策研究机构“州政府公正中心委员会”（Council of State Governments Justice Center）发布了得克萨斯州的一项政策研究。该研究表明每 10 个在公立学校上学的学生中就有 6 人在七年级到十二年级之间至少被停课或者劝退过一次，而这其中只有极少数情况是因为严重的犯罪行为。

2 In fact, the *Harvard Business Review* has published several major stories on this topic, compiled in a 2013 book, *HBR's 10 Must Reads on Collaboration*.

3 Carleton Washburne, *What Is Progressive Education?* (New York: John Day Co., 1952), p. 22.

4 Deborah Meier, *The Power of Their Ideas: Lessons for America from a Small School in Harlem* (Boston: Beacon Press, 1995).

5 Corey Kilgannon, "Doctor Saves an African Boy, and Vice Versa; Brought to New York for Care, an Orphan Transforms His Benefactor's Life," *New York Times*, May 30, 2003.

6 Peter Gray, "School Bullying: A Tragic Cost of Undemocratic Schools," Psychology Today.com, May 12, 2010.

7 Ross and Zimmerman, "Real Discipline in School," *New York Times*, Feb. 16, 2014.

8 Some quotes by Gavins were reported in Sam Chaltain, "Mission (Upon a) Hill," *Democracy. Learning. Voice*, Feb. 20, 2012.

04 设计自己的故事板：利用科技的魅力让学习更快乐

1 H. Wenglinsky, *Does It Compute? The Relationship Between Educational Technology and Student Achievement in Mathematics* (Princeton, NJ: Policy Information Center of the Educational Testing Service, 1998).

2 B. Penuel et al., *Silicon Valley Challenge 2000: Year 5 Multimedia Project Report* (Menlo Park, CA: SRI International, 2001).

3 Keith Upchurch, "Gates: Tech just tool for making human connections," *Herald Sun* (Durham, NC), May 12, 2003.

4 Tremayne quoted in Stett Holbrook, "Making Makers at the East Bay Mini Maker Faire," *Make,* Oct. 20, 2013.

5 For a whole book on this topic, see Kelly Lambert's *Lifting Depression: A*

Neuroscientist's Hands-On Approach to Activating Your Brain's Healing Power (New York: Basic Books, 2008).

6 Grace Rotzel, *The School in Rose Valley* (New York: Ballantine Books, 1972), p. 19.

7 John Chubb, "Student Choice and Classrooms of the Future," National Association of Independent Schools, Feb. 2, 2014.

05 尝尝这碗汤：给考试排名降降温

1 See "School Drug Use: Survey Finds 17 Percent of High School Students Drink, Smoke, Use Drugs During the School Day," *Huffington Post*, Aug. 23, 2012; and Robert Kolker, "Cheating Upwards," *New York Magazine*, Sept. 16, 2012.

2 "U.S.A. Suicide: 2010 Official Final Data, American Association of Suicidology"; Maria L. La Ganga, "Palo Alto Campus Searches for Healing After Suicides," *Los Angeles Times,* Oct. 30, 2009. 还有更多的坏消息莱文都没有提及，但是我们在自己的圈子里却一直都能听到这些坏消息。比如，对数以万计的孩子们所做的多项研究都表明最近几十年来普通美国学生的焦虑程度比 20 世纪 50 年代的精神病患者还要高。

3 Eric Westervelt, "These Days, School Lunch Hours Are More Like 15 Minutes," NPR, "The Salt," Dec. 4, 2013.

4 William Meuer and Jan Tubergen, Winnetka Historical Society (originally publ. 1998).

5 "The Rise of the Badass Teachers Association—A Brief History," from the blog *With a Brooklyn Accent*, Oct. 20, 2013.

6 "The Trouble with Testing Mania," *New York Times*, Editorial Board, July

13, 2013.

7 Valerie Strauss, "A Ridiculous Common Core Test for First Graders," *Washington Post,* Oct. 31, 2013.

8 Justin Doubleday, "Most Students Are Unprepared for College, SAT Results Show," *Chronicle of Higher Education*, Sept. 26, 2013.

9 Alfie Kohn, *Punished by Rewards: The Trouble with Gold Stars, Incentive Plans, A's, Praise, and Other Bribes* (New York: Mariner Books, Houghton Mifflin Harcourt, 1999).

10 *Measuring 21st-century Competencies. Guidance for Educators*, RAND Corporation, November 2013. 在 2013 年我拜访过的那些学校中，有三所采用了这一测试：圣何塞的阿尔马登学校、华盛顿特区的西德威尔友谊学校和马萨诸塞州坎布里奇的林荫山学校。

06 一封请愿书：持续关注社会正义

1 Caroline Pratt, *I Learn from Children* (New York: Grove Press, 2014), p. 3.

2 Petra Munro Henry, "Learning from Caroline Pratt," *Journal of the American Association for the Advancement of Curriculum Studies*, 4 (February 2008).

3 Ibid.

4 Ibid.

5 Cremin, *The Transformation of the School*, p. 207.

6 Matthew Appleton, *A Free Range Childhood*: *Self-Regulation at Summerhill School*, Foundation for Educational Renewal, Jan. 1, 2000.

7 A. S. Neill, *Summerhill—A Radical Approach to Education* (London: Victor Gollancz, 1966), n.p.

8 See Cremin, *The Transformation of the School*, p. 335.

尾声 教育的进化：在失败中不断前进

1 而且，2012 年选举，18 到 29 岁之间的选民中有一半人都没有登记去投票，这是皮尤研究中心民意调查 16 年来的最低比例。Clare Malone，“ Young, Restless, and Not Voting,” *American Prospect*, Apr. 26, 2012.

2 Charles M. Blow, “The Self(ie) Generation,” *New York Times*, Mar. 7, 2014.

3 Tani, “A Kid Called Barry,” *Punahou Bulletin* (Spring 2007).

4 Helen Y. Weng et al., “Compassion Training Alters Altruism and Neural Responses to Suffering,” *Psychological Science*, vol. 24, no. 7 (2013), 1171–80; and B. J. S. Barron et al., with The Cognition and Technology Group at Vanderbilt, “Doing with Understanding: Lessons from Research on Problem-and Project-Based Learning,” *Journal of the Learning Sciences*, vol. 7 (1998), 271–311.

5 Addams quoted in Cremin, *The Transformation of the School*, p. 62.

6 Jared Stallones, “Conflict and Resolution: Progressive Educators and the Question of Religion,” Information Age Publishing (2010), 49.

7 尽管缺乏足够的资金支持，那些位于城市里的进步主义学校中大多数都有自己的园艺项目，哪怕只是在沥青操场上堆出了几块田地。许多学校还很重视学生的参与，他们吃的午餐就来自自己的劳动成果。

8 Jennifer Morgan-Bennett, “Sliding Scale Tuition and Our Family,” November 2011.

结语 回到未来

1 Jay McTighe and Grant Wiggins in *Understanding by Design* have written that “Merely trying to retrofit the Standards to typical teaching and testing practices will undermine the effort” .

2　最近的一项研究报告表明“大图景学习”网络的教育模式比其他模式更优。2009年，18 个学区的 31 所“大图景学习”合作学校的毕业率高达 92%，超过了他们所在学区的平均水平（74%）。在加利福尼亚州，评估者们发现那些处于弱势地位的学生在“大图景学习”合作学校里比在其他学校有低得多的辍学率和高得多的学业成绩。“大图景学习”合作学校的学生有 3/4 都能进入大学。See “Spotlight On: Big Picture Learning,” The Stuart Foundation.

3　在 2002 年的一项研究中，来自威斯康星大学、约翰斯·霍普金斯大学和北卡罗来纳大学的研究者们研究了 29 种学校综合改革模式，其中包括了“探险学习”的模式。29 种模式中只有 3 种模式的评分比“探险学习”更高。

4　这 4 所学校是曼哈顿的卡尔霍恩学校、韦斯顿的坎布里奇学校、佛蒙特州的普特尼学校和康涅狄格州的安库瓦学校。除了这些专业项目，还有一些项目也正在由一些高校中持进步主义教育理念的教职员工推进着。这些高校包括：加州大学伯克利分校（发展教师教育计划）、莱斯利大学（和林荫山学校有合作关系）、东兰辛的密歇根州立大学（和杰伊·费瑟斯通学校有密切合作）、加利福尼亚州奥克兰市的米尔斯学院、位于俄亥俄州哥伦布市的俄亥俄州立大学和加利福尼亚州圣莫尼卡的太平洋橡树学院。

5　“How I Did It: Reid Hoffman of LinkedIn,” *Inc.*

6　最近还有很多书也出版了，它们推广的教学法直接来自杜威、帕克和普拉特，但通常都没有提及这一点。举个例子，罗恩·伯杰（Ron Berger）在 2003 年出版的《卓越伦理》（*A Ethic of Excellence*）中详细介绍了几种典型的进步主义教学法，包括：学生通过批评和深度分析相互支持；鼓励学生创建多个原型并不断迭代自己的作品；公开展示和庆祝学生的作品；定期地将“现实世界”带入课堂；形成性和持续性的多种评估方式；对学生抱有尽可能高的期望。像那些进步主义教育者一样，伯杰相信他的学生有能力做出非凡的事情。你可以把他的课程放在全美国任何地方的一所进步主义学校里，几乎没有人会注意到有什么区别。然而，在他的书中，没有任何地方出现过“进步主义”这个词。就好像这个概念已经离开了我们的集体记忆。

7 "Lou Gehrig's famous speech," MLB.com, June 18, 2003.

8 See Diane Ravitch, "Schools We Can Envy," *New York Review of Books*, Mar. 8, 2012; and LynNell Hancock, "Why are Finland's Schools So Successful?" *Smithsonian Magazine* (September 2011).

Ayers, Rick and William (2011). *Teaching the Taboo: Courage and Imagination in the Classroom*. New York & London: Teachers College Press.

Beilock, Sian (2010). *Choke: What the Secrets of the Brain Reveal About Getting It Right When You Have To*. New York: Atria Books.

Bode, H. Boyd (1938). *Progressive Education at the Crossroads*. New York: New-son & Co.

Brown, Stuart (2010). *Play: How It Shapes the Brain, Opens the Imagination, and Invigorates the Soul*. New York: Penguin Books, Avery.

Carbone, Peter F. Jr. (1977). *The Social and Educational Thought of Harold Rugg*. Durham, NC: Duke University Press.

Cremin, Lawrence A. (1961). *The Transformation of the School: Progressivism in American Education, 1876-1957*. New York: Vintage Books.

Cunitz, Daniel A., Sara Narva, and George Zeleznik (2011). *Progressive Edu-cation: The Advisory Program*. Philadelphia: Crefeld Publishing.

Damrosch, Leo (2005). *Jean-Jacques Rousseau: Restless Genius*. Boston & New York: Houghton Mifflin Co.

Dewey, John (1902). *The Child and the Curriculum*. Chicago: University of Chicago Press.

—— (1902). *The School and Society*. Chicago: University of Chicago Press.

—— (1909). *Moral Principles in Education*. London: Arcturus Books.

—— (1913). *Interest and Effort in Education*. Cambridge, MA: Riverside Press.

—— (1916). *Democracy and Education*. New York: Free Press.

—— (1938). *Experience and Education*. New York: Free Press.

Engel, Brenda S., with Anne C. Matine, eds. (2005). *Holding Values: What We Mean by Progressive Education*. Portsmouth, NH: William Heinemann.

Ginsburg, Herbert, and Sylvia Opper (1969). *Piaget's Theory of Intellectual Development: An Introduction*. Englewood Cliffs, NJ: Prentice-Hall.

Gray, Peter (2013). *Free to Learn: Why Unleashing the Instinct to Play Will Make Our Children Happier, More Self-Reliant, and Better Students for Life*. New York: Basic Books.

Halaby, Mona (2000). *Belonging: Creating Community in the Classroom*. Northampton, MA: Brookline Books.

Hofstadter, Richard (1963). *The Progressive Movement: 1900 to 1915*. New York: Simon & Schuster.

Jervis, Kathe, and Arthur Tobier (1987). *Education for Democracy. Proceedings from The Cambridge School Conference on Progressive Education*. Cam-bridge, MA: The Cambridge School.

Kilpatrick, William Heard (1918). *The Project Method: The Use of the Purposeful Act in the Education Process*. Whitefish, MT: Kessinger

Publishing.

—— (1925). *Foundations of Method—Informal Talks on Teaching*. New York: The Macmillan Company.

Knoester, Matthew (2012). *Democratic Education in Practice: Inside the Mission Hill School*. New York: Teachers College Press.

Kohn, Alfie (1998). *What to Look For in a Classroom*. San Francisco: Jossey-Bass.

—— (2004). *What Does It Mean to Be Well Educated?* Boston: Beacon Press.

—— (2014). *The Myth of the Spoiled Child: Challenging the Conventional Wis-dom About Children and Parenting*. Cambridge, MA: Da Capo Press.

Kozol, Jonathan (1985). *Death at an Early Age*. New York: Plume.

Levine, Madeline (2008). *The Price of Privilege*. New York: Harper Perennial.

Pratt, Caroline (1948/2014). *I Learn from Children*. New York: Grove Press.

Rathbone, Charles H. (2008). *Fayerweather at 40*. Cambridge, MA: Harvard University Press.

Ravitch, Diane (1983). *The Troubled Crusade. American Education, 1945-1980*. New York: Basic Books.

Rotzel, Grace (1972). *The School in Rose Valley*. New York: Ballantine Books.

Ryan, Alan (1995). *John Dewey and the High Tide of American Liberalism*. New York: W. W. Norton & Co.

Semel, Susan F., and Alan R. Sadovnik, eds. (1999). *"Schools of Tomorrow," Schools of Today: What Happened to Progressive Education?*

New York: Peter Lang.

——, eds. (2002). *Founding Mothers and Others: Women Educational Leaders During the Progressive Era*. New York: Palgrave.

Walkerdine, Valerie (1990). *Schoolgirl Fictions*. London & New York: Verso Books.

Washburne, Carleton (1952). *What Is Progressive Education? A Book for Parents and Others*. New York: John Day Company.

Whitehead, Alfred North (1929). *The Aims of Education and Other Essays.* New York: Free Press.

致谢 Loving Learning

写这本书一直是我的一个梦想。很多年前，我很平静地和一个朋友分享了这个梦想。多年过去了，她还记得这个梦想。因为她的慷慨和善良，这个梦想现在变成了现实。我将首先向米歇尔·默瑟（Michelle Mercer）和她的丈夫布鲁斯·戈尔登（Bruce Golden）表示最深切的感谢，他们一直支持着我的项目。米歇尔和布鲁斯赞助了我的学术休假，让我可以在全美各地旅行，研究进步主义教育。之后他们又聘请了凯瑟琳·埃里森（Katherine Ellison），在我完成初稿后帮我优化我的作品。以我目前的健康情况，我原本是不可能完成这项工作的。我永远感谢米歇尔和布鲁斯的慷慨、友谊、爱与关怀。

我在帕克走读学校的助理西班·卡西迪（Siobhan Cassidy）一路陪伴着我，并提前协调了我的行程，确保不会出现问题或者中断。事实上，这次行程完美无缺。我非常感谢她。

我很幸运地得到了我的朋友和前董事会主席弗朗西丝·丁克尔斯皮尔（Frances Dinkelspiel）的支持。她在整个项目中一直用敏锐的作家眼光阅读我的书稿并给予了真诚的反馈。除此之外，她也一直在无条件地鼓励着我。我的朋友和同事莫琳·奇弗和凯蒂·达格利什（Katy Dalgleish）帮助我树立并保持雄心，让这本书具有一定学术性，使它能够为教学带去实际的价值。作为资深的进步主义教育家，他们的眼光是无价的。在此，我也要感谢丹·施瓦茨和丽莎·夏皮罗（Lisa Shapiro）的持续贡献。

衷心感谢我们的文学经纪人邦妮·纳德（Bonnie Nadell）。她如此热情地接纳了这个项目，并让这本书的构想被出版社接受。还有艾米·切里（Amy Cherry），我们在诺顿出版社的编辑和出色的合作者，谁能想到这本书会找到一个进步主义的出版商?

我在帕克走读学校工作了将近 40 年。在那里我得以成长、学习，并追随我的激情。我要感谢董事会主席希瑟·柯伊伯（Heather Kuiper），他从一开始就支持我的项目，始终对工作持乐观积极的态度。我还要感谢帕克走读学校全体工作人员对项目的鼓励和参与，特别是凯茜·希尔兹（Cathy Shields）、约翰·奥本（John Orbon）、苏珊·埃尔布、哈里特·科恩、苏珊·格罗迪（Suzann Grody）、玛丽亚·蒙特斯·克莱门斯（Maria Montes Clemens）、莫娜·哈拉比，和鲍勃·罗林斯（Bob Rollins）。感谢弗洛·霍兹（Flo Hodes）在这些充满挑战的时期为学校的稳定所做出的不为人知的贡献。随着学校向未来过渡，我想向乔纳森·基德转达所有最美好的祝愿。

乔纳森·伯克（Jonathan Berk）和丽贝卡·施瓦茨（Rebecca Schwartz）与帕克走读学校社区的关系紧密。我感谢他们的想法、对我的鼓励、美食和友谊。感谢劳里·格罗斯曼（Laurie Grossman）的体贴和关怀。

感谢伊利亚·普拉特和洛瑞·刘易斯（Lori Lewis）参与社区的活动，感谢他们的幽默风趣和他们做的好吃的马里贝尔鸡。总体而言，帕克走读学校的家长社区一直是包容而又能提供有力支持的。我很幸运能成为这种特殊的亲密关系的一部分。

你们可能不知道我也有自己的“曲奇怪”，让我的家人和来访者每次来看我都能尽享各种甜食，尤其是他举世闻名的巧克力曲奇。感谢保罗·博斯特威克（Paul Bostwick）让我们保持“甜蜜”。

在我参访40多所进步主义学校的旅程中，我总是受到校长和学校领导们的欢迎，他们花了很多时间接受我的采访，帮助我领会每个学校社区的文化和精神。我非常感谢全美各地的公立学校、特许学校和独立学校的教育工作者们为我提供的走红毯级别的待遇。本书引用了他们的许多话，因为他们是真正的实践者，每天都在推动进步主义教育的传承和愿景。我要特别感谢社区儿童学校的尼尔·赖特森的忠诚和善良。回到我的学校，我的朋友和同事特里·埃德利（Terry Edeli）、凯茜·亨特（Cathy Hunter）和史蒂夫·莫里斯（Steve Morris）一直陪伴在我身边。在我休学术假期间，帕克走读学校由特里掌管；凯茜则用热汤、饭菜和欢乐温暖着我；在我被确诊后，史蒂夫站了出来，加入了一个重要的学校过渡委员会，为我们提供帮助。

我衷心感谢阿耶莱·沃尔德曼为本书作序。

对书中那些未提及的学校负责人和教师，我也要说一句，我希望你们能够理解，你们所做的那些了不起的事情使学习变得充满乐趣，也让进步主义教育的传统得以传承。我真希望自己能够拜访你们，并记下你们所做的一切。感谢你们对进步主义教育实践所做的贡献，也感谢你们对自己的学生所做的奉献。我希望你们能够加入到进步主义教育网络中来，并与其他学校建立联系，以帮助他们。

最后，如果没有我的写作伙伴凯瑟琳·埃里森的合作，这个项目是不可能完成的。凯瑟琳对本书的结构和基调提出了设想，并对研究做出了重大贡献。我学到了很多关于写作的知识，并且永远感激她帮助我完成了这本书。她在巨大的压力下工作，但是和她一起工作却总是让人愉快。她总是能够按时完成任务，并信守承诺。我很幸运能与凯瑟琳合作。

我的家人一直是我的灵感源泉，推动我的工作并支持我进行参访进步主义学校这一朝圣之旅。我的女儿考特尼明白包容是多么重要。我与儿子马特深入探讨了一些最难的问题。我的姐姐苔丝总是鼓励我。而且，一路走来的每一步，我都被我生命中的挚爱——我的妻子同时也是我最好的朋友伊丽莎白所拥抱和庇护。她每天都爱着我，照顾着我，激励着我。如果不是她不断地付出爱和关怀，我坚持不到现在。

尽管在这种情况下听起来有些好笑，但像卢·格里格一样，我确实觉得自己是“这世上最幸运的人”。

汤姆·利特尔

就像任何一所伟大的学校一样，这本书得益于那些非凡的家长的关怀。这些家长包括：米歇尔·默瑟和布鲁斯·戈尔登，他们慷慨地支持我和汤姆的合作关系并热情地为我们俩欢呼；弗朗西丝·丁克尔斯皮尔，一位出色的朋友和引荐人；邦妮·纳德，她超越了自己的职责范围，帮助我们打磨给出版社的提案；凯蒂·达格利什，她花了整整一周的时间对书稿进行了专业的、彻底的审读；莫琳·奇弗，她从一开始就支持这本书的写作，并帮忙审阅书稿，确保它的质量；艾米·切利非常幸运地与我们拥有同样的愿景，安·阿德尔曼（Ann Adelman）的勤奋使我们免于许多潜在的尴尬，还有雷米·考利（Remy Cawley），他以专业的态度和令人愉快的执着坚持了这个项目。帕克走读学校的约翰·奥本和凯西·希尔兹也是这本书的重要朋友，约翰甚至还担任了本书的内容顾问——谢谢！

我也非常感谢我的写作团队“北街 24 号作家团”：艾莉森·巴特利特（Allison Bartlett）、莱斯利·柏林（Leslie Berlin）、莱斯利·克劳福德（Leslie Crawford）、弗朗西斯·丁克尔斯皮尔、莎朗·埃佩尔（Sharon Epel）、苏珊·弗林克尔（Susan Freinkel）、凯瑟琳·尼兰（Katherine Neilan）、丽莎·奥库恩（Lisa Okuhn）、朱莉娅·弗林·赛勒（Julia Flynn Siler）和吉尔·斯托里（Jill Storey）。没有他们，写作过程中会少很多快乐和鼓舞，更不用说烤饼了。我还要感谢南·维纳（Nan Weiner），感谢她的编辑经验和建议。当然也一如既往地感谢我亲爱的丈夫杰克·爱泼斯坦（Jack Epstein）。同时感谢本书采访过的许多老师、学生、家长和专家们。他们百忙之中抽出时间，帮助我们记录下进步主义学校里那些日常的魔力瞬间。

最后，我非常感谢汤姆·利特尔。他慷慨地与我分享了这么多年来他独有的梦想。我很快就明白了他如此受人爱戴的原因。他让许多人的生活，包括我的生活变得更美好。我希望，作为他的梦想的这本书能够将他充满人文关怀的影响力传递给世界。

凯瑟琳·埃里森

译者后记 Loving Learning

这本书是我的朋友马鸣燕推荐给我的。当时她正在美国硅谷的一所新成立的小微学校任教，我们经常交流一些中美教育创新方面的话题。有一天她发给我一张图片，正是这本书的封面。鸣燕对我说："推荐你看，你一定会喜欢的。"我立刻去亚马逊的网站上查看了这本书的简介和书评，发现这是一本讲述美国进步主义教育实践的书。果然是我喜欢的内容，而且应该也会对中国的教育创变者们有所启发。于是我向湛庐文化建议向国内引入这本书。很快，湛庐便解决了版权问题，我和鸣燕也开始了这本书的合译。在合译的过程中，我们愈发觉得不同地区的人们对于好的教育的探索有如此多的共通之处。

这本书的作者是美国加利福尼亚州奥克兰一所创新学校——帕克走读学校的创始校长。这所学校自 1976 年成立以来，一直秉持着进步主义的教育理念，持续做着各种教育创新的探索。进步主义的教育理念已有百年历史，它的开创者不乏杜威这样的教育思想家，影响力一度遍及全美和世界各地。但是如今在美国，敢于公开承认自己是基于这一理念开展教学实践的学校却并没有那么多。作者于是决定选择一些有代表性的学校去拜访，探究这一理念在今天的教育中究竟保持得如何，有哪些发展，以及更重要的，这个极有价值的教育遗产可以如何为解决今天教育存在的各种问题带来启发和影响。

作者用了一年时间，拜访了全美 45 所创新学校。作者把在这些学校的教学现场所做的观察记录和对教育者的访谈对话，连同自己在帕克走读学校工作 40 余年的实践经验，一起记录在了这本书中。作者并不只是简单罗列了一个个故事，而是总结出了进步主义教育理念的 6 个教学策略。围绕每一个策略，作者分析了当今教育存在的主要问题和挑战，并透过相应的实践案例给出了回应这些问题和挑战可能的思路和已有的经验。

在阅读和翻译这些教学策略和教学经验的过程中，我经常会觉得非常熟悉。这些年来，我在国内也拜访过不少创新学校，和很多教育创变者做过深度交流。我们谈及的主题和这本书里所探讨的很多都是相似的。比如教育不仅应该关注学生的认知发展，也应该支持他们社会情感的发展（这是本书第 2 章的内容）。比如很多人都关心的创新教育摒弃了标准化的考试，那么要如何评估学习者的成长（这是本书第 6 章的内容）。在很多具体的教学实践上，这本书里记述的美国的创新教育者们日常采用的方式，也是很多中国的同行们正在努力探索的。比如这几年在中国知名度越来越高的探究式学习、项目式学习、社会实践、跨学科统整式教学等，在全书的各个章节都可以看到各种可资借鉴的案例。

面对他人的经验，人们有两种常见的态度：一种是全盘接受，恨不能有一本巨细无遗的操作手册，只需要按部就班地照着做就行。另一种则是全盘否定，认为大的环境不一样，缺乏政策、文化、制度等方面的支持，所以那些经验在那个环境可行，在我们这边则肯定行不通。在很大程度上，这两种态度都是一种智识上的偷懒。可借鉴的经验首先不在于执行的细节，而在于理解那样做是为了什么，是基于怎样的底层教育理念。经验的可借鉴性也并不完全受环境制约，而要求我们去思考我们所认可的教育理念在不同的环境下、不同的场景中可以演化、创造出怎样各具特色的实践。

这本书不是一本案例集，更不是一本操作手册，而是对教育本质的反思，和对进步主义教育理念的梳理与阐释。透过书中丰富的实践案例，我们可以看到一所创新学校的教育观念体系如何在日常的教学中得以体现，而底层的教育范式又如何影响着各种教学实践的演变。理念和实践相互呼应，相得益彰，这无疑会大大有助于教育创变者们去吸收借鉴这些经验。

同时，这本书对中国的同行们还有另一层的借鉴和激励。在我对话过的教育创变者中，很多人都曾多次面对这样的提问：好的教育是不是只能是贵的教育？你们做的教育创新是不是只适合一小部分人？你们做的事情是不是注定就是小众的？……如果有更多的人读到这本书，也许会不难发现，在美国以及其他很多地方，我们所做的这些教育创新的尝试都已经有很多人也正在做着，社会的接受度正变得越来越高，并且遍布各个类型的教育机构。以本书为例，书中的案例既有公立学校，也有私立学校；既有大规模学校，也有小微学校；既有百年名校，也有很年轻的学校。他们未必都会大张旗鼓地给自己贴上“进步主义教育”这样的标签，就像中国的很多教育创新者甚至未必对“进步主义教育”这个概念有深入了解，但是对教育本质的思考和对人的成长发展的关注，让我们有了共通的体验，也有了可以相互借鉴的实践。

在翻译这本书的过程中，鸣燕从现在的学校离职，并开始寻找新的参与教育创新的机会。她和我分享了搜寻到的各类教育机构信息，以及她在不同创新学校里面试和访校时的经历与感受。很多中国的教育创变者正面临的挑战，美国的同行们也同样在面对：主流社会对于教育的想象仍需要进一步地突破；教育机构的组织进化能否有效地支持教育的进化仍是未知数；教育创变者们也需要关注自身的身心完整和终身成长……也许不久的将来，会出现一本类似的讲述中国教育创变者们思考与实践的书，进一步促进不同国家地区之间教育创变者们的相互交流和支持。

关于翻译工作，我和鸣燕是这样分工的：我翻译了全书的序、第 6 ～ 8 章，以及后记、附录、注释等部分；鸣燕翻译了全书的引言及第 1 ～ 5 章。在翻译完各自的部分后，我们又相互校对了对方翻译的内容。在这个过程中，我们因为书中的内容，对进步主义教育在美国的发展有了更深刻的了解；也因为我们相互间围绕各种由译书引发的话题而产生的对话，彼此都获益良多。

希望关心教育的广大读者们也能从阅读本书的过程中有所收获。或许，有一种阅读的方式是值得去尝试的，那就是边阅读，边去想象在那样的教学环境中师生所呈现出的生命状态，并把自己代入其中，不断地追问自己：“我可以如何创造出一个环境去激发那样的生命状态呢？”

顾　远

未来，属于终身学习者

我这辈子遇到的聪明人（来自各行各业的聪明人）没有不每天阅读的——没有，一个都没有。巴菲特读书之多，我读书之多，可能会让你感到吃惊。孩子们都笑话我。他们觉得我是一本长了两条腿的书。

——查理·芒格

互联网改变了信息连接的方式；指数型技术在迅速颠覆着现有的商业世界；人工智能已经开始抢占人类的工作岗位……

未来，到底需要什么样的人才？

改变命运唯一的策略是你要变成终身学习者。未来世界将不再需要单一的技能型人才，而是需要具备完善的知识结构、极强逻辑思考力和高感知力的复合型人才。优秀的人往往通过阅读建立足够强大的抽象思维能力，获得异于众人的思考和整合能力。未来，将属于终身学习者！而阅读必定和终身学习形影不离。

很多人读书，追求的是干货，寻求的是立刻行之有效的解决方案。其实这是一种留在舒适区的阅读方法。在这个充满不确定性的年代，答案不会简单地出现在书里，因为生活根本就没有标准确切的答案，你也不能期望过去的经验能解决未来的问题。

而真正的阅读，应该在书中与智者同行思考，借他们的视角看到世界的多元性，提出比答案更重要的好问题，在不确定的时代中领先起跑。

湛庐阅读 App：与最聪明的人共同进化

有人常常把成本支出的焦点放在书价上，把读完一本书当作阅读的终结。其实不然。

时间是读者付出的最大阅读成本

怎么读是读者面临的最大阅读障碍

“读书破万卷”不仅仅在“万”，更重要的是在“破”！

现在，我们构建了全新的“湛庐阅读”App。它将成为你“破万卷”的新居所。在这里：

- 不用考虑读什么，你可以便捷找到纸书、电子书、有声书和各种声音产品；
- 你可以学会怎么读，你将发现集泛读、通读、精读于一体的阅读解决方案；
- 你会与作者、译者、专家、推荐人和阅读教练相遇，他们是优质思想的发源地；
- 你会与优秀的读者和终身学习者为伍，他们对阅读和学习有着持久的热情和源源不绝的内驱力。

下载湛庐阅读 App，
坚持亲自阅读，
有声书、电子书、阅读服务，
一站获得。

本书阅读资料包

给你便捷、高效、全面的阅读体验

本书参考资料

湛庐独家策划

- 参考文献
  为了环保、节约纸张，部分图书的参考文献以电子版方式提供
- 主题书单
  编辑精心推荐的延伸阅读书单，助你开启主题式阅读
- 图片资料
  提供部分图片的高清彩色原版大图，方便保存和分享

相关阅读服务

终身学习者必备

- 电子书
  便捷、高效，方便检索，易于携带，随时更新
- 有声书
  保护视力，随时随地，有温度、有情感地听本书
- 精读班
  2~4周，最懂这本书的人带你读完、读懂、读透这本好书
- 课　程
  课程权威专家给你开书单，带你快速浏览一个领域的知识概貌
- 讲　书
  30分钟，大咖给你讲本书，让你挑书不费劲

湛庐编辑为你独家呈现
助你更好获得书里和书外的思想和智慧，请扫码查收！

（阅读资料包的内容因书而异，最终以湛庐阅读App页面为准）

图书在版编目（CIP）数据

如何让孩子爱上学校 / (美) 汤姆·利特尔 (Tom Little) , (美) 凯瑟琳·埃里森 (Katherine Ellison) 著 ; 顾远, 马鸣燕译. -- 杭州 : 浙江教育出版社, 2022.9

书名原文: Loving Learning

ISBN 978-7-5722-4301-1

Ⅰ. ①如… Ⅱ. ①汤… ②凯… ③顾… ④马… Ⅲ. ①教育心理学 Ⅳ. ①G44

中国版本图书馆CIP数据核字(2022)第157649号

浙江省版权局
著作权合同登记号
图字:11-2022-268号

上架指导：教育创新

如何让孩子爱上学校

RUHE RANG HAIZI AISHANG XUEXIAO

[美] 汤姆·利特尔（Tom Little） 凯瑟琳·埃里森（Katherine Ellison） 著

顾远　马鸣燕　译

责任编辑：童炜炜

美术编辑：曾国兴

责任校对：李　繁

责任印务：刘　建

封面设计：ablackcover.com

出版发行：浙江教育出版社（杭州市天目山路 40 号　电话：0571-85170300-80928）

印　　刷：石家庄继文印刷有限公司

开　　本：710mm ×965mm　1/16

印　　张：14.25　　　字　　数：196 千字

版　　次：2022 年 9 月第 1 版　　　印　　次：2022 年 9 月第 1 次印刷

书　　号：ISBN 978-7-5722-4301-1　　　定　　价：69.90 元

如发现印装质量问题，影响阅读，请致电 010-56676359 联系调换。